Gin Rezeptbuch

Das Gin Buch mit 150 einzigartigen Cocktail Rezepten für jeden Anlass!

Von fruchtig bis würzig und klassisch bis cremig – Perfekte Drinks ganz einfach zu Hause selber machen

2. Auflage

ISBN: 9798525997332

Inhaltsverzeichnis

Bowlen mit Gin 145

Die Herkunft des Gins

Da Alkohol früher zunächst zur Herstellung von Medizin destilliert wurde, findet auch die Herstellung von Gin in diesem Anwendungsbereich seinen Ursprung. Das Destillieren war anfänglich eine antike Kunst, die im 12. Jahrhundert ihren Weg nach Europa fand. Die Destillation ist dabei eigentlich ein chemisches Verfahren, welches zur Trennung flüssiger Gemische genutzt wird.

Damals wurden dem Alkohol diverse Kräuter untergemischt, die zur Genesung beitragen sollten. Somit fand irgendwann auch eine Grundzutat, die zur Herstellung von Gin benötigt wird, ihren Weg in das Gemisch - der Wachholder. Die dadurch entstandenen Wachholderdestillate wurden ursprünglich zu Zeiten der großen Pest im 14. Jahrhundert zur Heilung von Erkrankten eingesetzt. Wachholder und seinen ätherischen Ölen wird noch immer eine heilende Wirkung nachgesagt, da sie verdauungsfördernd und antibakteriell wirken.

Als Erfinder des Gins, wie wir ihn heute kennen, gilt der holländische Arzt Franciscus Sylvius de la Boe. Er stellte einen Wachholderschnaps her, den er „Genever" nannte. „Genever" ist das holländische Wort für Wachholder. Ab dem 16. Jahrhundert wurden die Destillate immer weniger als Medizin, dafür aber immer öfter als Genussmittel konsumiert. In dieser Zeit wurde auch zum ersten Mal aus Getreide Alkohol gewonnen, was nach wie vor einen absoluten Meilenstein kennzeichnet. Neben Gin entstanden somit immer mehr ländertypische Spirituosen, wie Cognac, Whisky oder Wodka.

Während des Dreißigjährigen Krieges sollen sich die niederländischen Soldaten mit Genever Mut für die Schlacht angetrunken haben. Da die Niederlande und England Verbündete waren dauerte es nicht lang, bis der Genever auch die englischen Soldaten in seinen Bann zog. Diese brachten das Getränk mit in ihre Heimat, wo es schnell an Beliebtheit gewann und von den Engländern kopiert wurde. Da der Name Genever irgendwann zu lang wurde, kam schnell die angelsächsische Abkürzung „Gin" für das Destillat ins Spiel, die sich bis heute gehalten hat.

Das Getränk gewann weiter an Beliebtheit und war dazu noch dank der Reduktion von Steuern und Abgaben sehr günstig, was jedoch auch einen starken Qualitätsverlust nach sich zog. In England wuchsen die Armenviertel, Gin wurde in Massen konsumiert und es gab einen regelrechten Boom im Handel. Der Staat versuchte jahrelang erfolglos den Konsum durch diverse Steuererhöhungen einzudämmen, bis eine schlechte Ernte und weitere Steuererhöhungen Mitte des 18. Jahrhunderts endlich die gewünschte Wirkung zeigten.

Mitte des 19. Jahrhunderts wurde eine Senkung der Ausfuhrzölle bewirkt, was dem Gin den Weg in den Weltmarkt ebnete. Im Laufe der Jahre entstanden nun immer mehr Sorten von Gin in den verschiedensten Geschmacksrichtungen. Mit den Sorten entstanden auch die heute sehr beliebten Gin Cocktails. Das heute wohl beliebteste Gin-Getränk entstand beispielsweise dadurch, dass ein Offizier sein bitteres Tonic, was zur Heilung von Malaria eingesetzt wurde, aufpeppen wollte - somit war der Gin Tonic geboren. Mittlerweile gibt es etwa 5000 verschiedene Sorten Gin.

Die Herstellung von Gin

Gin besteht im Wesentlichen aus zwei Zutaten: neutralem Alkohol, wie Wodka oder Korn, und Wachholderbeeren. Für die geschmacklichen Unterschiede und die Vielzahl von Sorten sorgen die sogenannten Botanicals.

Die Herstellung von Gin lässt sich in vier Phasen unterteilen:

1. Mazeration

In der Mazeration werden die Gewürze im Alkohol eingelegt. Der Alkohol entzieht in dieser Phase den Botanicals die Farb- und Aromastoffe. Da der Grundalkohol bei der Herstellung immer extra hinzugefügt werden muss, ist Gin ein Geist.

2. Destillation

Während der Destillation erfolgt die Trennung von Alkohol und Wasser. Dank des niedrigen Siedepunktes von Alkohol steigen bei der Erhitzung des Gemisches die aromatisierten Dämpfe nach oben in der Brennblase. Von dort aus wird der Dampf in eine gekühlte Spirale geleitet. Dieser kondensiert und verflüssigt sich anschließend. Das Ergebnis dieses Prozederes ist ein Gin mit einem Alkoholgehalt von 96%. Das Erhitzen der Flüssigkeit kann auf verschiedene Arten erfolgen - klassisch mit Feuer, meist jedoch elektrisch oder mit Gas.

3. Lagerung

Theoretisch müsste Gin gar nicht gelagert werden, trotz dessen tun es die meisten Brenner. Besonders wichtig für die Lagerung ist das Behältnis: Es sollte ein Gefäß sein, das möglichst keine Aromastoffe an das Destillat abgibt. Hierfür eignen sich Stahltanks oder Glasballons am besten. Es gibt aber auch Ginsorten, die des Geschmacks wegen extra in Holzfässern gelagert werden, die sogenannten „Reserve-Gins".

4. Abfüllung

Bevor der Gin abgefüllt werden kann, muss er erstmal auf Trinkstärke herabgesetzt werden. Dies geschieht, indem er mit Wasser verdünnt wird. Hierbei ist die Wahl des richtigen Wassers entscheidend - es darf nicht zu kalkhaltig sein, da der Gin sonst kratzig schmeckt. Den genauen Alkoholgehalt legen die Brenner individuell fest. Dieser befindet sich je nach Sorte zwischen 37 und 57 Prozent.

Ginsorten

Die Anzahl der verschiedenen Ginsorten ist enorm. Die Sorten richten sich nach einer Art Reinheitsgebot. Dieses Reinheitsgebot ist eine bestimmte Art und Weise, wie das Destillat hergestellt wird. Gemäß der EU-Spirituosenverordnung wird Gin als „Spirituose mit Wachholdergeschmack, welche durch die Aromatisierung von Ethylalkohol aus landwirtschaftlicher Herstellung gewonnen wird“ beschrieben.

Wie schon im vorherigen Kapitel erwähnt, besteht Gin im Kern aus zwei Zutaten: neutralem Alkohol und Wachholderbeeren. Für das besondere Etwas sorgt eine dritte Zutat: Botanicals.

Diese lassen sich in fünf Gruppen unterteilen:

Zum einen gibt es florale Gins - hierunter zählen Sorten, denen Pflanzen wie Holunder oder Hibiskus untergemischt wurden.
Des Weiteren gibt es Gins mit Zitrusnote. Diese entstehen, wenn dem Destillat Schalen verschiedener Zitrusfrüchte beigemischt werden.
Die dritte Gruppe bilden die sogenannten „crispen Gins“. Hierunter fallen Sorten, die Gewürze mit starkem Geschmack enthalten, wie Pfeffer oder Kardamom.
Die beiden letzten Gruppen bilden die wachholderbetonten Gins, bei denen der Wachholdergeschmack im Vordergrund steht und die würzigen Gins, welche mit mediterranen oder Gartenkräutern versetzt werden.

Neben den Botanicals lässt sich auch Gin an sich in zwei Gruppen unterteilen: die offiziellen und die inoffiziellen Sorten. Zu den offiziellen Sorten zählen alle Gins, deren Herstellung durch offizielle Vorgaben geregelt ist. Inoffizielle Sorten hingegen unterliegen keinen gesetzlichen Vorgaben.

Zu den offiziellen Sorten gehören die beiden beliebtesten Gins: der Dry Gin und der London Dry Gin. Beide zeichnen sich durch eine starke Wachholdernote aus. Bei Dry Gin werden diverse Botanicals, wie Zitrusfrüchte untergemischt. Verboten ist hingegeben die Zugabe von Zucker oder Zuckerzusätzen. Weitere offizielle Sorten sind Destilled Gins, diese sind mindestens zweimal destilliert und Sloe Gins, welche eher einem Likör als einem Gin gleichen, da diese eher süßlich-fruchtig schmecken. Die wichtigste Zutat hierbei ist Schlehen. Auch die geographischen Sorten sind offiziell. In diese Kategorie fallen alle Sorten, die nur an einem bestimmten Ort gebrannt werden dürfen, wie z.B. Plymouth Gin.

Zu den Vertretern der inoffiziellen Sorten gehört der Old Tom Gin. Dieser wird auf Grund seines eher süßen Geschmacks gern für die Zubereitung von Cocktails verwendet. Auch Reserve Gins fallen in diese Kategorie. Diese Sorten werden in Holzfässern gelagert, was dazu führt, dass sich ihre Farbe goldgelb bis braun verfärbt. Weitere inoffizielle Sorten sind Cream Gins, denen Zucker und Sahne beigemischt wird, New Western Dry Gin und Compound Gin. Letztere sind eher günstig, da hierfür die Botanicals nur im Alkohol eingelegt werden.

Gin selbst herstellen

Grundsätzlich lässt sich Gin sehr einfach zu Hause herstellen, da hierfür nur wenige Zutaten benötigt werden. Sie benötigen neutralen Alkohol in Form von Korn oder Wodka, Wachholder und Botanicals nach Wahl. Bei der Auswahl der Botanicals kommt es ganz darauf an, was Ihnen beliebt und welcher Geschmack damit erreicht werden soll. Üblicherweise werden hierbei vier bis zehn verschiedene verwendet. Seien Sie hier ruhig experimentierfreudig und probieren Sie aus, welche Zutaten am Ende einen runden Geschmack abgeben. Ebenso wichtig ist die Wahl des Alkohols - dieser sollte aus landwirtschaftlichen Produkten stammen.

Bevor Sie mit der Zubereitung beginnen, nehmen Sie sich ein Glasbehältnis Ihrer Wahl und spülen dieses einmal heiß aus. In dieses Gefäß kommt gleich die Gin-Mischung. Das Ausspülen ist wichtig, da Sie somit Geschmacksverfälschungen vermeiden. Nun geben Sie Ihren neutralen Alkohol und die Wachholderbeeren in das Gefäß, verschließen es und lassen die Mischung für 24 Stunden an einem lichtgeschützten Ort ziehen. Anschließend geben Sie Ihre Botanicals nach Wahl hinzu und lassen die Mischung weitere 12 Stunden ziehen. Wichtig ist, dass Sie den Gin zwischendurch ab und zu durchrühren. Probieren Sie die Mischung zwischendurch, um gegebenenfalls geschmackliche Unstimmigkeiten ausgleichen zu können, indem Sie weitere Botanicals hinzufügen. Zum Schluss geben Sie die Mischung durch ein Sieb oder einen Kaffeefilter, füllen sie wieder in die Flasche und lassen Ihren Gin mindestens eine Woche stehen, damit er seinen vollen Geschmack entfalten kann.

Guten Gin erkennen

Bevor es an die Rezepte geht, stellt sich noch eine wichtige Frage: Woran erkennen Sie denn überhaupt, ob der Gin, den Sie gekauft haben, wirklich gut ist? Hierfür gibt es leider keinen eindeutigen Guide, aber dennoch ein paar Tipps, die Ihnen den Kauf erleichtern werden.

Ein guter Gin darf nicht kratzig im Mund sein und auch nicht seifig schmecken. Er sollte in sich stimmig sein und einfach „rund" schmecken. Hochwertige Sorten haben meist auch einen etwas höheren Alkoholgehalt, hier liegt der Richtwert bei 40% aufwärts. Aber Vorsicht: Nur weil ein Gin teuer ist, heißt es noch nicht, dass dieser auch gut ist! Außerdem sollte der Geschmack generell eher intensiv sein. Ein weiterer Punkt, der für ein hochwertiges Produkt spricht, ist die Empfehlung von Gin-Kennern.

Nehmen Sie sich beim Kauf unbedingt Zeit und informieren Sie sich über Herstellung und Herkunft des Gins, diese Faktoren sagen ebenfalls eine Menge über die Qualität aus. Und zu guter Letzt sollte der Gin vor allem eins tun: Ihnen schmecken! Denn ist dies nicht der Fall, kann das beispielsweise auf minderwertige Zutaten hinweisen.

Da Sie nun bestens über Sorten, Zutaten, Herstellung und Herkunft informiert sind, steht der Wahl des richtigen Getränks nichts mehr im Wege. Dieses Buch bietet Ihnen die Möglichkeit ganz neue Gin-Kombinationen kennenzulernen und auszuprobieren. Lassen Sie sich nicht von anfänglich eigenwilligen Kreationen abschrecken und seien Sie offen für Neues. Doch alles nach und nach. Da es sich hierbei immer noch um hochprozentige Getränke handelt, ist auch dieser Spaß mit Vorsicht zu genießen.

Lassen Sie sich (g)inspirieren und entdecken Sie Ihren neuen Lieblingscocktail!

Klassische Gin Cocktails

1. Gin Tonic

Zutaten für 1 Portion:

- 4 cl Gin
- 120 ml Tonic Water
- 1 Zweig Minze
- Etwas Salatgurke
- Eiswürfel

Zubereitungszeit: 5 Minuten

Zubereitung:

1. Zunächst die Salatgurke waschen und einige Scheiben abschneiden.
2. Den Gin in ein Ginglas füllen und anschließend mit Eiswürfeln auffüllen.
3. Die Salatgurkenscheiben mit in das Glas geben.
4. Den Cocktail mit dem Tonic Water aufgießen und mit Minze garnieren.

2. Dirty Martini

Zutaten für 1 Portion:

- 5 cl Gin
- 1 cl trockener Vermouth
- 1 grüne Olive
- 1 Zitronenzeste
- Eiswürfel

Zubereitungszeit: 5 Minuten

Zubereitung:

1. Vermouth, Gin und die Eiswürfel in ein Glas geben und alles gut verrühren.
2. Den Cocktail in ein Martiniglas abseihen. Achten Sie dabei darauf, dass Sie die Eiswürfel nicht mit in das Martiniglas geben.
3. Stecken Sie die Olive auf einen Holzspieß und legen Sie diesen in das Martiniglas.
4. Garnieren Sie das Glas mit der Zitronenzeste.

3. Gimlet

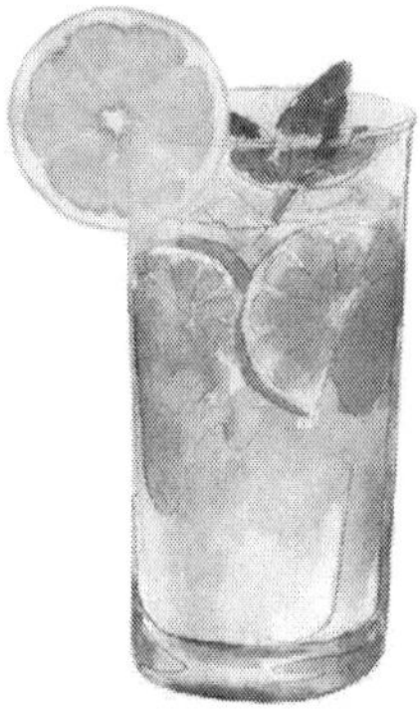

<u>Zutaten für 1 Portion:</u>

- 6 cl Gin
- 1 cl Limettensaft
- 4 cl Lime Juice
- Eiswürfel

Zubereitungszeit: 5 Minuten

<u>Zubereitung:</u>

1. Limettensaft, Lime Juice und Gin in einen Cocktailshaker geben.
2. Anschließend Eiswürfel in den Shaker geben.
3. Schütteln Sie den Cocktail für ca. 15 Sekunden, bis der Shaker leicht beschlagen ist.
4. Seihen Sie den Cocktail in einen Martinikelch ab.
5. Servieren Sie den Gimlet ohne Dekoration.

4. Gin Old Fashioned

Zutaten für 1 Portion:

- 6 cl Gin
- 1 Spritzer Angustora Bitters
- 5 cl Soda
- 1 TL Zucker
- 1 Stück Orange
- Eiswürfel

Zubereitungszeit: 5 Minuten

Zubereitung:

1. Zucker zusammen mit 3 cl Soda in ein Old Fashioned Glas geben.
2. Angustora Bitters und den Gin hinzufügen.
3. Die Orange hinzufügen.
4. Eiswürfel nach Wahl in das Glas geben.
5. Zum Schluss das restliche Soda hinzufügen und servieren.

5. Gin Sour

Zutaten für 1 Portion:

- 5 cl London Dry Gin
- 2 cl Zuckersirup
- 3 cl frischer Zitronensaft
- 10 cl Soda
- 1 Zitronenzeste
- Eiswürfel

Zubereitungszeit: 5 Minuten

Zubereitung:

1. Wenn Sie frischen Zitronensaft verwenden wollen, spülen Sie eine Zitrone heiß ab und rollen sie diese kurz auf dem Tisch. Dadurch löst sich der Saft besser.
2. Geben Sie den Gin, Zitronensaft, Eiswürfel und Zuckersirup in einen Cocktailshaker.
3. Schütteln Sie den Cocktail für ca. 10-15 Sekunden.
4. Nehmen Sie einen Tumbler und seihen sie den Cocktail in diesen ab.
5. Falls Ihnen der Cocktail zu stark sein sollte, können Sie ihn mit etwas Soda auffüllen.
6. Garnieren Sie den Gin Sour mit einer Zitronenzeste.

6. Negroni

Zutaten für 1 Portion:

- 3 cl Gin
- 3 cl roter Wermut
- 3 cl Campari
- 1 Orangenzeste
- Eiswürfel

Zubereitungszeit: 5 Minuten

Zubereitung:

1. Wermut, Gin, Campari und Eiswürfel in ein Rührglas geben.
2. Rühren Sie den Cocktail ca. 30 Sekunden.
3. Seihen Sie den Negroni anschließend in einen Tumbler ab. Achten Sie darauf, dass keine Eiswürfel mit in das Glas gelangen.
4. Garnieren Sie den Cocktail mit einer Orangenzeste.

7. Southside Royal

Zutaten für 1 Portion:

- 6 cl London Dry Gin
- 3 cl Champagner
- 2 cl Limettensaft
- 2 cl Zuckersirup
- Einige Blätter Minze
- Eiswürfel

Zubereitungszeit: 5 Minuten

Zubereitung:

1. Waschen Sie zunächst die Minze und tupfen Sie die Blätter anschließend trocken.
2. Geben Sie Zuckersirup, Minze und den Limettensaft in einen Cocktailshaker und muddeln Sie alles zusammen. Muddeln heißt, dass Sie die Zutaten mit Hilfe eines Muddlers oder Stößels zerquetschen.
3. Fügen Sie den Gin und die Eiswürfel hinzu.
4. Schütteln Sie den Shaker kräftig.
5. Halten Sie beide Becher aneinander und seihen Sie den Cocktail in ein Champagnerglas doppelt ab, indem Sie den Cocktail durch einen schmalen Spalt zwischen den Bechern gießen.
6. Geben Sie nun den Champagner hinzu und verrühren Sie alles.
7. Garnieren Sie den Cocktail mit einigen Blättern Minze.

8. Red Snapper

Zutaten für 1 Portion:

- 5 cl Gin
- 2 Spritzer Tabasco
- 1 cl Worchestersauce
- 11 cl Tomatensaft
- 1 cl Zitronensaft
- 1 Prise Selleriesalz
- Eiswürfel

Zubereitungszeit: 5 Minuten

Zubereitung:

1. Gin, Tabasco, Worchestersauce, Zitronensaft und das Selleriesalz in ein Longdrinkglas geben.
2. Verrühren Sie anschließend alles.
3. Befüllen Sie das Glas mit Eiswürfeln.
4. Geben Sie nun den Tomatensaft hinzu und verrühren Sie erneut alles.

9. Tom Collins

Zutaten für 1 Portion:

- 5 cl Old Tom Gin
- 2 cl Zuckersirup
- 4 cl Zitronensaft
- Soda zum Auffüllen
- 1 Zitronenzeste
- Eiswürfel

Zubereitungszeit: 5 Minuten

Zubereitung:

1. Gin, Zuckersirup und Zitronensaft in ein Longdrinkglas geben.
2. Alles miteinander verrühren.
3. Das Glas mit Eiswürfeln auffüllen.
4. Anschließend den Cocktail mit Soda aufgießen.
5. Das Glas mit einer Zitronenzeste garnieren.

10. French 75

Zutaten für 1 Portion:

- 3 cl Gin
- 10 cl Champagner
- 2 cl Zitronensaft
- 1 cl Zuckersirup
- 1 Cocktailkirsche
- Eiswürfel

Zubereitungszeit: 5 Minuten

Zubereitung:

1. Nehmen Sie zunächst ein Champagner- oder alternativ ein Sektglas und kühlen Sie es gut, indem Sie einige Eiswürfel hineingeben.
2. Eine Zitrone heiß abspülen und anschließend ein wenig auf der Arbeitsplatte rollen.
3. Die Zitrone auspressen.
4. Gin, Champagner, den frischen Zitronensaft und den Zuckersirup in einen Shaker füllen und ca. 10 Sekunden gut schütteln.
5. Das Eis aus dem Glas nehmen.
6. Den Cocktail in ein Champagnerglas abseihen.
7. Garnieren Sie das Glas mit einer Cocktailkirsche.

11. Monkey Gland

Zutaten für 1 Portion:

- 6 cl Gin
- 4 cl frischer Orangensaft
- 1 Spritzer Absinthe
- 1 cl Grenadine
- 1 Orangenzeste
- Eiswürfel

Zubereitungszeit: 5 Minuten

Zubereitung:

1. Die Orange heiß abspülen und auspressen.
2. Orangensaft, Gin, Grenadine, Absinthe und Eiswürfel in einen Cocktailshaker geben.
3. Den Cocktail gut schütteln, bis der Shaker leicht beschlägt.
4. Den Cocktail in ein Cocktailglas abseihen.
5. Das Glas mit einer Orangenzeste garnieren.

12. The Last World

Zutaten für 1 Portion:

- 2 cl Gin
- 2 cl Chartreuse (grün)
- 2 cl Limettensaft
- 2 cl Maraschino (Kirschlikör)
- Eiswürfel

Zubereitungszeit: 5 Minuten

Zubereitung:

1. Limetten heiß abspülen und auspressen.
2. Gin, Chartreuse und den frischen Limettensaft in einen Cocktailshaker geben.
3. Den Shaker anschließend mit Eiswürfeln auffüllen.
4. Den Shaker 10-15 Sekunden kräftig schütteln, bis er außen leicht beschlägt.
5. Den Cocktail anschließend in eine Cocktailschale abseihen und servieren.

13. Vesper Martini

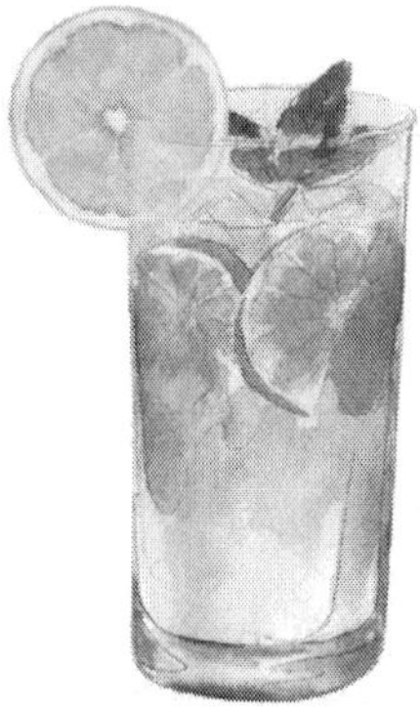

Zutaten für 1 Portion:

- 5 cl Gin
- 2 cl Wodka
- 1 cl Lillet Blanc
- 1 Zitronenzeste
- Eiswürfel

Zubereitungszeit: 4 Minuten

Zubereitung:

1. Wodka, Gin und Lillet in einen Cocktailshaker geben.
2. Den Shaker mit Eiswürfeln auffüllen.
3. Den Shaker für 10 Sekunden gut schütteln.
4. Den Cocktail in ein gut gekühltes Martiniglas abseihen.
5. Zum Schluss mit der Zitronenzeste garnieren.

14. Gin Crusta

Zutaten für 1 Portion:

- 6 cl Gin
- 2 Spritzer Bitters
- 2 cl Maraschino
- 2 cl Zitronensaft
- Etwas Zucker
- Eiswürfel

Zubereitungszeit: 5 Minuten

Zubereitung:

1. Die Zitrone heiß abspülen und auspressen.
2. Ein Weinglas mit einem Zuckerrand verzieren.
3. Gin, Maraschino, Bitters, Zitronensaft und die Eiswürfel in einen Cocktailshaker geben.
4. Den Shaker für 10-15 Sekunden gut schütteln.
5. Den Cocktail in einen Tumbler abseihen und servieren.

15. Aviation

Zutaten für 1 Portion:

- 5 cl Gin
- 2 cl Zitronensaft
- 1 cl Crème de Violette
- 2 cl Soda
- 2 cl Maraschino
- Eiswürfel

Zubereitungszeit: 5 Minuten

Zubereitung:

1. Die Zitrone heiß abspülen und auspressen.
2. Ein Martiniglas mit einem Zuckerrand verzieren.
3. Zitronensaft, Gin, Maraschino, Crème de Violette und Soda in einen Cocktailshaker geben.
4. Den Shaker mit Eiswürfeln auffüllen.
5. Den Cocktailshaker 10-15 Sekunden gut schütteln.
6. Den Cocktail in ein Martiniglas abseihen und servieren.

16. Gin-Gin Mule

Zutaten für 1 Portion:

- 5 cl Gin
- 3 cl Limettensaft
- 4 cl Gingerbeer
- 3 cl Zuckersirup
- Einige Blätter frische Minze
- 1 Zweig Minze
- Eiswürfel

Zubereitungszeit: 5 Minuten

Zubereitung:

1. Limetten heiß abspülen und auspressen.
2. Die Minze waschen und trocken tupfen.
3. Zuckersirup, Limettensaft und die Minze in einen Shaker geben und leicht zerquetschen (muddeln).
4. Gin und die Eiswürfel hinzufügen.
5. Den Cocktail für 10 Sekunden kräftig schütteln.
6. Den Cocktail double-strain in ein Highballglas abseihen.
7. Zum Schluss das Gingerbeer hinzufügen.
8. Den Cocktail mit einem Zweig Minze garnieren.

17. Gin-Basil Smash

Zutaten für 1 Portion:

- 5 cl Gin
- 2 cl Zitronensaft
- 2 cl Zuckersirup
- 1 Handvoll Basilikum
- 1 Zitronenzeste
- Eiswürfel

Zubereitungszeit: 5-8 Minuten

Zubereitung:

1. Die Zitrone heiß abspülen und auspressen.
2. Die Basilikumblätter zusammen mit dem Zuckersirup in einen Cocktailshaker geben und mit einem Stößel etwas zerdrücken.
3. Zitronensaft, Gin und die Eiswürfel hinzufügen.
4. Den Cocktail einige Sekunden gut schütteln.
5. Den Cocktail in ein Cocktailglas abseihen.
6. Mit etwas Basilikum und einer Zitronenzeste garnieren.

18. Gin Buck

Zutaten für 1 Portion:

- 3 cl Gin
- 200 ml Ginger Ale
- 3 cl Zitronensaft
- 1 Zitronenzeste
- Eiswürfel

Zubereitungszeit: 5 Minuten

Zubereitung:

1. Eine Zitrone heiß abspülen und auspressen.
2. Ein Longdrinkglas mit Eiswürfeln befüllen.
3. Gin, Zitronensaft und Ginger Ale in das Glas geben und alles verrühren.
4. Zum Schluss das Glas mit einer Zitronenzeste garnieren.

19. Himbeer Gin Tonic

Zutaten für 1 Portion:

- 6 cl Gin
- 4 cl Zitronensaft
- 2 cl Himbeersirup
- Tonic Water zum Auffüllen
- 1 Handvoll Himbeeren
- 1 Zweig Rosmarin
- Eiswürfel

Zubereitungszeit: 10 Minuten

Zubereitung:

1. Die Himbeeren in einen Cocktailshaker geben und muddeln (leicht zerquetschen).
2. Eine Zitrone heiß abwaschen und auspressen.
3. Himbeersirup, Gin und den Zitronensaft mit in den Shaker geben.
4. Eiswürfel in den Shaker geben und alles für 10-15 Sekunden gut schütteln.
5. Einen Tumbler mit Eiswürfeln auffüllen und den Cocktail darin abseihen.
6. Nach Belieben mit Tonic Water auffüllen.
7. Den Cocktail zum Schluss mit einem Zweig Rosmarin und einer Himbeere garnieren.

20. Erdbeer Gin Tonic

Zutaten für 1 Portion:

- 3 cl Gin
- 2 cl Erdbeersirup
- 1 cl Zitronensaft
- 150 ml Tonic Water
- 1 Handvoll Erdbeeren
- 1 Zweig Minze
- Eiswürfel

Zubereitungszeit: 5 Minuten

Zubereitung:

1. Einen Tumbler mit Eiswürfeln befüllen.
2. Die Erdbeeren waschen.
3. Eine Erdbeere bei Seite legen und die restlichen klein schneiden.
4. Gin, Erdbeersirup, Zitronensaft und Tonic Water zu den Eiswürfeln geben.
5. Den Cocktail mit der übrigen Erdbeere und einem Zweig Minze garnieren.

21. Gurken Gin

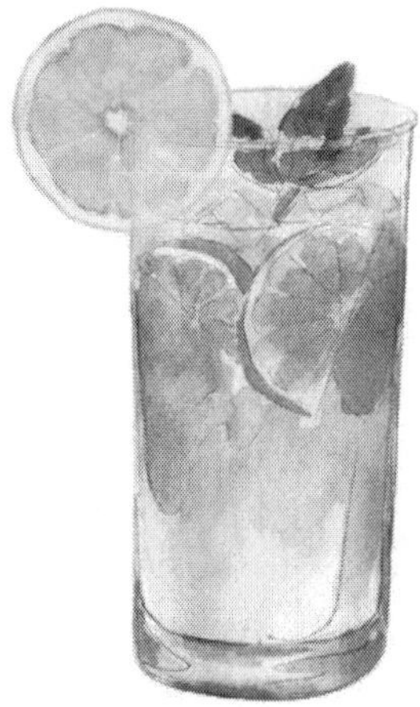

Zutaten für 1 Portion:

- 6 cl Gin
- 150 ml Tonic Water
- 1 EL brauner Rohrzucker
- 1 Zitrone
- 25 g + 2 Scheiben Salatgurke
- 1 kleines Stück Ingwer
- 1 Zweig Minze
- Eiswürfel

Zubereitungszeit: 10 Minuten

Zubereitung:

1. Die Gurke waschen und schälen.
2. Ingwer schälen und klein schneiden.
3. Die Minze waschen und trockentupfen.
4. Gurke, Minze und Ingwer pürieren.
5. Die Zitrone heiß abspülen und auspressen.
6. Die pürierte Masse zusammen und 2 cl des Zitronensaftes in einen Cocktailshaker geben.
7. Gin und Tonic Water mit in den Shaker geben und alles gut schütteln.
8. Ein Cocktailglas mit Eiswürfeln auffüllen und den Zucker hinzufügen.
9. Den Cocktail in das Glas gießen.
10. Das Glas zum Schluss mit den Gurkenscheiben und etwas Minze garnieren.

22. Grapefruit Gin

Zutaten für 1 Portion:

- 3 cl Gin
- 200 ml Grapefruitsaft
- 5 cl Tonic Water
- 1 Zweig Rosmarin
- 1 Scheibe Grapefruit
- Eiswürfel

Zubereitungszeit: 5 Minuten

Zubereitung:

1. Ein Longdrinkglas mit Eiswürfeln befüllen.
2. Gin und Grapefruitsaft in das Glas gießen.
3. Den Cocktail mit Tonic Water auffüllen.
4. Den Rosmarinzweig in das Longdrinkglas geben.
5. Den Cocktail mit einer Scheibe Grapefruit garnieren.

23. Bramble

Zutaten für 1 Portion:

- 5 cl Gin
- 2 cl Zitronensaft
- 2 cl Brombeerlikör
- 1 cl Zuckersirup
- 1 Handvoll Brombeeren
- 1 Zitronenzeste
- Crushed Ice

Zubereitungszeit: 5 Minuten

Zubereitung:

1. Die Brombeeren waschen und trocken tupfen.
2. Zitronensaft, Gin und Zuckersirup in ein Longdrinkglas geben und verrühren.
3. Den Cocktail mit Crushed Ice und einigen Brombeeren auffüllen.
4. Das Brombeerlikör vorsichtig hinzugeben.
5. Den Cocktail mit einer Zitronenzeste und einer Brombeere garnieren.

24. Gin Wild Berry

Zutaten für 1 Portion:

- 4 cl Gin
- 2 cl Johannisbeersirup
- 200 ml Russian Wild Berry
- 1 TL Rohrzucker
- 1 Zweig schwarze Johannisbeeren
- 1 Zweig frische Minze
- Eiswürfel

Zubereitungszeit: 10 Minuten

Zubereitung:

1. Einen Tumbler mit Eiswürfeln befüllen.
2. Die Johannisbeeren waschen.
3. Minze waschen und trocken tupfen.
4. Die Johannisbeeren und Minze mit in das Glas geben.
5. Gin und Johannisbeersirup in den Tumbler gießen und den Rohrzucker hinzufügen.
6. Den Cocktail mit Russian Wild Berry auffüllen.
7. Das Glas zum Schluss mit der Minze garnieren und servieren.

25. Red Lion

Zutaten für 1 Portion:

- 3 cl Gin
- 3 cl Grand Marnier
- 2 cl Zitronensaft
- 2 cl Orangensaft
- 1 Zitronenzeste
- 1 Orangenzeste
- Eiswürfel

Zubereitungszeit: 10 Minuten

Zubereitung:

1. Einen Cocktailshaker mit Eiswürfeln befüllen.
2. Eine Zitrone und eine Orange heiß abspülen und den Saft auspressen.
3. Gin, Grand Marnier, Orangensaft und Zitronensaft in den Cocktailshaker geben.
4. Den Shaker 10-15 Sekunden gut schütteln.
5. Den Cocktail in ein Whiskyglas abseihen.
6. Das Glas mit der Zitronenzeste und der Orangenzeste garnieren.

Florale Gin Cocktails

26. Lilac Gin Tonic

Zutaten für 1 Portion:

- 3 cl eines floralen Gins nach Wahl
- 3 cl Fliedersirup
- 2 cl Zitronensaft
- 3 cl Tonikum
- Einige Fliederblüten
- Eiswürfel

Zubereitungszeit: 5 Minuten

Zubereitung:

1. Den Flieder waschen und vorsichtig trocken tupfen.
2. Eine Zitrone waschen und auspressen.
3. Das Eis in einen Cocktailshaker füllen.
4. Gin, Fliedersirup, Zitronensaft und Tonikum mit in den Shaker geben und alles gut schütteln.
5. Den Cocktail in ein Weißweinglas abseihen.
6. Mit den Fliederblüten garnieren.

27. Lavendel-Erdbeer Gin

Zutaten für 1 Portion:

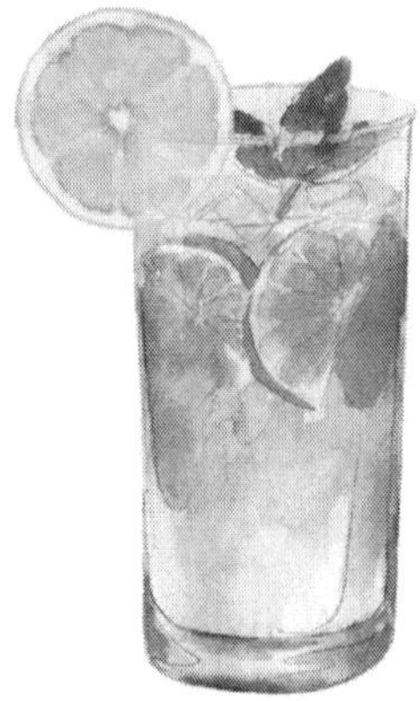

- 3 cl Gin
- Soda zum Auffüllen
- 1 cl Zitronensaft
- 1 EL brauner Rohrzucker
- 1 TL getrocknete Lavendelblüten
- 1 Handvoll Erdbeeren
- Eiswürfel

Zubereitungszeit: 10 Minuten

Zubereitung:

1. Die Erdbeeren waschen und eine Erdbeere für die Deko beiseitelegen.
2. Die restlichen Erdbeeren kleinschneiden.
3. Eine Zitrone waschen und auspressen.
4. Die Eiswürfel und den Zucker in einen Tumbler geben.
5. Zitronensaft, Gin und Soda mit in das Glas geben und vorsichtig verrühren.
6. Zum Schluss die Lavendelblüten in den Tumbler geben, mit der Erdbeere garnieren und servieren.

28. Gin Sour mit Hibiskusblüte

Zutaten für 1 Portion:

- 4 cl Gin
- 2 cl Hibiskussirup
- 2 cl Himbeersirup
- 4 cl Limettensaft
- 1 TL getrocknete Hibiskusblüten
- Tonic Water zum Auffüllen
- Crushed Ice

Zubereitungszeit: 10 Minuten

Zubereitung:

1. Limetten heiß abspülen und auspressen.
2. Gin, Hibiskussirup, Himbeersirup und Limettensaft in einen Cocktailshaker geben.
3. Den Shaker für 10-15 Sekunden kräftig schütteln.
4. Ein Cocktailglas mit Crushed Ice befüllen.
5. Den Cocktail in das Cocktailglas gießen und mit Tonic Water auffüllen.
6. Zum Schluss die Hibiskusblüten mit einer Pinzette in den Cocktail geben.

29. Flower Power

Zutaten für 1 Portion:

- 4 cl THE DUKE Wanderlust Gin
- 1 Spritzer Rosenwasser
- 2 cl Vanillesirup
- 4 cl Pfirsichsaft
- 1 Pfirsichscheibe
- Eiswürfel

Zubereitungszeit: 5 Minuten

Zubereitung:

1. Befüllen Sie zunächst ein Cocktailglas mit Eiswürfeln.
2. Gin, Rosenwasser, Vanillesirup und Pfirsichsaft in das Glas geben.
3. Den Cocktail vorsichtig verrühren.
4. Das Glas zum Schluss mit einer Pfirsichscheibe garnieren.

30. Holunder Gin Tonic

Zutaten für 1 Portion:

- 4 cl Gin
- 1 cl Holunderblütensirup
- Tonic Water zum Auffüllen
- 1 Spritzer Angustora Bitters
- 1 cl Limettensaft
- 1 Gurkenscheibe
- Eiswürfel

Zubereitungszeit: 5 Minuten

Zubereitung:

1. Limetten heiß abspülen und auspressen.
2. Einen Tumbler mit Eiswürfeln befüllen.
3. Gin, Angustora Bitters, Limettensaft und Holunderblütensirup in das Glas geben und vorsichtig verrühren.
4. Den Cocktail mit Tonic Water auffüllen.
5. Das Glas mit einer Gurkenscheibe garnieren.

31. Rosenblüten Gin

Zutaten für 1 Portion:

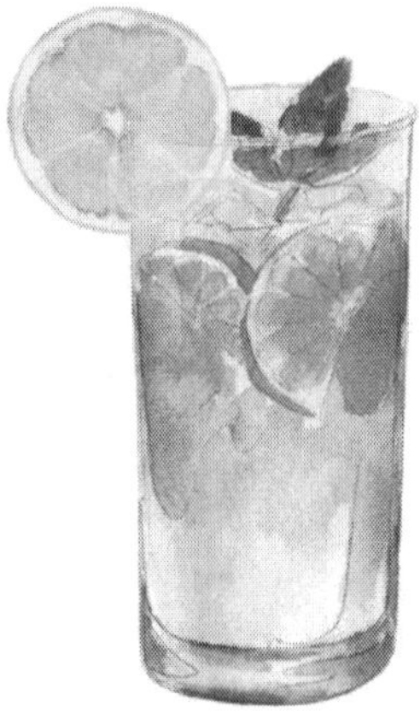

- 2 cl Rosenwasser
- 3 cl Gin
- 1 EL Rosenblüten
- 1 cl Zitronensaft
- 1 TL brauner Zucker
- 15 cl Tonic Water
- 1 cl Granatapfelsaft
- 1 Zitronenzeste
- Eiswürfel

Zubereitungszeit: 10 Minuten

Zubereitung:

1. Eine Zitrone heiß abspülen und auspressen.
2. Gin, Rosenwasser, Zitronensaft, braunen Zucker und Granatapfelsaft in einen Cocktailshaker geben.
3. Den Cocktail 10-15 Sekunden kräftig schütteln.
4. Ein Longdrinkglas mit Eiswürfeln befüllen.
5. Den Cocktail in das Glas abseihen und mit Tonic Water auffüllen.
6. Die Rosenblätter vorsichtig mit in das Glas geben.
7. Den Cocktail zum Schluss mit einer Zitronenzeste garnieren.

32. Sparkling Blossom

Zutaten für 1 Portion:

- 4 cl Hendrick's Gin
- 1 cl Grenadinesirup
- 4 cl Sekt
- 8 cl Pfirsichsaft
- 1 Pfirsichscheibe
- 1 cl Rosenwasser
- 1 EL Granatapfelkerne
- Eiswürfel

Zubereitungszeit: 5 Minuten

Zubereitung:

1. Ein Longdrinkglas mit Eiswürfeln befüllen.
2. Gin, Sekt, Pfirsichsaft und Rosenwasser in das Longdrinkglas geben und vorsichtig verrühren.
3. Granatapfelkerne hinzufügen.
4. Zum Schluss den Grenadinesirup über den Rücken eines Löffels mit in den Cocktail gießen.
5. Den Glasrand mit einer Pfirsichscheibe garnieren.

33. Holunderblüten-Orangen Gin

Zutaten für 1 Portion:

- 4 cl Berliner Brandstifter Gin
- 200 ml Orangensaft
- 1 cl Holunderblütensirup
- 3 cl trockener Sekt
- 1 Orangenzeste
- Eiswürfel

Zubereitungszeit: 10 Minuten

Zubereitung:

1. Eine Orange heiß abspülen und auspressen.
2. Ein Longdrinkglas mit Eiswürfeln befüllen.
3. Gin, Orangensaft, Sekt und Holunderblütensirup in das Glas geben.
4. Den Cocktail vorsichtig verrühren.
5. Den Glasrand zum Schluss mit einer Orangenzeste garnieren.

34. Ramos Gin Fizz

Zutaten für 1 Portion:

- 6 cl Gin
- 2 cl Zuckersirup
- 3 cl Sahne
- 1 cl Orangenblütenwasser
- 2 cl Zitronensaft
- 2 cl Orangensaft
- Soda zum Auffüllen
- 1 Zitronenzeste
- Eiswürfel

Zubereitungszeit: 10 Minuten

Zubereitung:

1. Eine Zitrone heiß abspülen und auspressen.
2. Die Orange ebenfalls abspülen und auspressen.
3. Gin, Zuckersirup, Orangensaft, Zitronensaft, Sahne und das Orangenblütenwasser in einen Cocktailshaker geben und mindestens eine Minute lang schütteln.
4. Ein Highballglas mit Eiswürfeln befüllen.
5. Den Cocktail in das Highballglas gießen.
6. Mit Soda auffüllen.
7. Den Glasrand mit einer Zitronenzeste garnieren.

35. Beeren-Hibiskus Gin

Zutaten für 1 Portion:

- 4 cl Gin
- 2 cl Johannisbeersirup
- 1 TL brauner Rohrzucker
- 1 EL gemischte Beeren
- 1 EL Hibiskusblüten
- 1 Zitronenzeste
- Zitronenlimonade zum Auffüllen
- Eiswürfel

Zubereitungszeit: 5 Minuten

Zubereitung:

1. Ein Highballglas mit Eiswürfeln befüllen.
2. Hibiskusblüten hinzufügen.
3. Gin, Johannisbeersirup, Zucker und die gemischten Beeren mit in das Glas geben.
4. Den Cocktail mit Zitronenlimonade aufgießen und vorsichtig umrühren.
5. Den Glasrand mit einer Zitronenzeste garnieren.

36. Elderflower Gin Tonic

Zutaten für 1 Portion:

- 5 cl Berliner Brandstifter Gin
- 2 cl Holunderblütensirup
- 1 cl Limettensaft
- 1 Limettenzeste
- Tonic Water zum Auffüllen

Zubereitungszeit: 5 Minuten

Zubereitung:

1. Limetten heiß abspülen und auspressen.
2. Limettensaft, Gin und Holunderblütensirup in ein Cocktailglas füllen und mit einem Barlöffel verrühren.
3. Mit Tonic Water auffüllen.
4. Zum Schluss mit einer Limettenzeste garnieren.

37. Himbeer-Lavendel Gin

Zutaten für 1 Portion:

- 3 cl Gin
- 6 cl Red Berry
- 1 Handvoll frische Himbeeren
- 1 Prise Salz
- 1 EL getrocknete Lavendelblüten
- Tonic Water zum Auffüllen
- 1 Zweig frische Minze
- Eiswürfel

Zubereitungszeit: 5 Minuten

Zubereitung:

1. Die Himbeeren waschen.
2. Die Himbeeren zusammen mit dem Lavendel in einen Cocktailshaker geben und mit einem Stößel muddeln (leicht zerdrücken).
3. Gin, Red Berry, Salz und Eiswürfel hinzufügen und den Shaker gut schütteln.
4. Den Cocktail in einen Tumbler gießen.
5. Anschließend mit Tonic Water aufgießen.
6. Den Cocktail zum Schluss mit einem Zweig Minze garnieren.

38. Brombeer-Rosen Gin

Zutaten für 1 Portion:

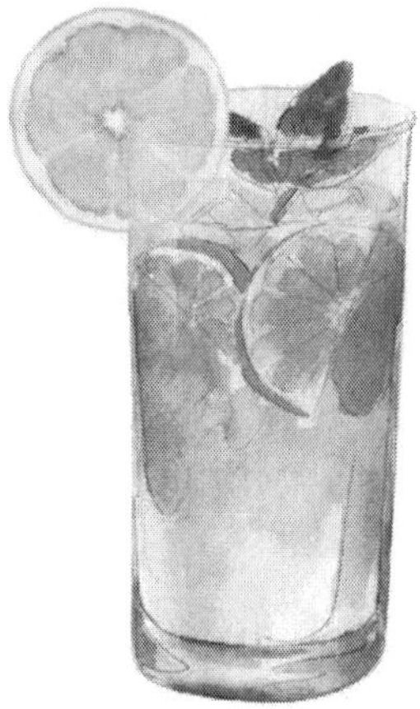

- 1 cl Rosenwasser
- 4 cl Gin
- 200 ml Tonic Water
- 1 cl Brombeersirup
- 1 EL getrocknete Rosenblüten
- 1 Handvoll frische Brombeeren
- Eiswürfel

Zubereitungszeit: 5 Minuten

Zubereitung:

1. Einen Tumbler mit Eiswürfeln befüllen.
2. Gin, Rosenwasser, Brombeersirup und die Rosenblüten hinzufügen und vorsichtig verrühren.
3. Anschließend mit Tonic Water auffüllen.
4. Die Brombeeren mit in das Glas geben.
5. Den Glasrand mit einer Brombeere garnieren.

39. Birnen-Lavendel Gin

Zutaten für 1 Portion:

- 6 cl Gin
- 2 cl Limettensaft
- 4 cl Birnensaft
- Soda zum Auffüllen
- 1 TL getrocknete Lavendelblüten
- 1 Birnenscheibe
- Eiswürfel

Zubereitungszeit: 10 Minuten

Zubereitung:

1. Limetten heiß abspülen und auspressen.
2. Einen Tumbler mit Eiswürfeln befüllen.
3. Gin, Limettensaft und Birnensaft hinzufügen und vorsichtig verrühren.
4. Mit Soda aufgießen.
5. Lavendelblüten mit einer Pinzette in den Cocktail geben.
6. Den Cocktail zum Schluss mit einer Birnenscheibe garnieren.

40. Lilac Lover

Zutaten für 1 Portion:

- 2 cl Gin
- 2 cl Portwein
- 1 cl Limettensaft
- 4 cl Fliedersirup
- 1 EL getrocknete Fliederblüten
- Tonic Water zum Auffüllen
- Eiswürfel

Zubereitungszeit: 5 Minuten

Zubereitung:

1. Limette heiß abspülen und auspressen.
2. Befüllen Sie einen Tumbler mit Eiswürfeln und den Fliederblüten.
3. Geben Sie Gin, Portwein, Fliedersirup und den Limettensaft in einen Cocktailshaker.
4. Schütteln Sie den Shaker für 10-15 Sekunden.
5. Geben Sie den Cocktail in den Tumbler.
6. Füllen Sie das Glas mit Tonic Water auf.

41. Pfirsich-Holunder Gin

Zutaten für 1 Portion:

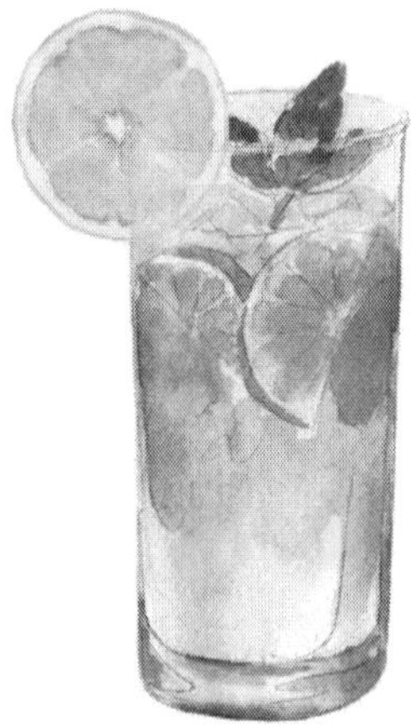

- 4 cl Gin
- 2 cl Holunderblütensirup
- 150 ml Pfirsichsaft
- 1 EL getrocknete Holunderblüten
- 1 Scheibe Pfirsich
- Eiswürfel

Zubereitungszeit: 5 Minuten

Zubereitung:

1. Einen Tumbler mit Eiswürfeln befüllen.
2. Gin, Holunderblütensirup und Pfirsichsaft in einen Cocktailshaker geben.
3. Den Shaker 10-15 Sekunden kräftig schütteln.
4. Gießen Sie den Cocktail in das Glas.
5. Geben Sie vorsichtig die Holunderblüten in das Glas.
6. Verzieren Sie das Glas zum Schluss mit einer Scheibe Pfirsich.

42. Granatapfel-Hibiskus Gin

Zutaten für 1 Portion:

- 4 cl Gin
- 2 cl Hibiskussirup
- 2 cl Granatapfelsirup
- 2 cl Zitronensaft
- Tonic Water zum Auffüllen
- 1 EL Granatapfelkerne
- Eiswürfel

Zubereitungszeit: 10 Minuten

Zubereitung:

1. Eine Zitrone heiß abspülen und auspressen.
2. Gin, Hibiskussirup, Granatapfelsirup und Zitronensaft in einen Cocktailshaker geben.
3. Den Cocktailshaker für 10-15 Sekunden kräftig schütteln.
4. Befüllen Sie einen Tumbler mit Eiswürfeln.
5. Seihen Sie den Cocktail in den Tumbler ab.
6. Füllen Sie den Cocktail mit Tonic Water auf.
7. Geben Sie zum Schluss die Granatapfelkerne mit in das Glas.

43. Apfel-Rosen Gin

Zutaten für 1 Portion:

- 4 cl Gin
- 2 cl Rosenwasser
- 200 ml Apfelsaft
- 1 EL getrocknete Rosenblüten
- 1 Apfelscheibe
- Eiswürfel

Zubereitungszeit: 5 Minuten

Zubereitung:

1. Gin, Apfelsaft und das Rosenwasser in einen Cocktailshaker geben.
2. Den Cocktailshaker 10-15 Sekunden kräftig schütteln.
3. Befüllen Sie anschließend einen Tumbler mit Eiswürfeln.
4. Seihen Sie den Cocktail in den Tumbler ab.
5. Geben Sie vorsichtig die Rosenblüten in den Cocktail.
6. Zum Schluss verzieren Sie den Cocktail mit einer Apfelscheibe.

44. Blutorangen-Hibiskus Gin

Zutaten für 1 Portion:

- 4 cl The Duke Gin
- 2 cl Hibiskussirup
- 2 cl Limettensaft
- 4 cl Blutorangensaft
- Tonic Water zum Auffüllen
- 1 Blutorangenzeste
- Eiswürfel

Zubereitungszeit: 5 Minuten

Zubereitung:

1. Limette heiß abspülen und auspressen.
2. Gin, Limettensaft, Hibiskussirup und Blutorangensaft in einen Cocktailshaker geben.
3. Den Shaker 10-15 Sekunden kräftig schütteln.
4. Ein Cocktailglas mit Eiswürfeln befüllen.
5. Den Cocktail in das Cocktailglas abseihen.
6. Mit Tonic Water auffüllen.
7. Zum Schluss mit einer Blutorangenzeste garnieren.

45. Limetten-Lavendel Gin

Zutaten für 1 Portion:

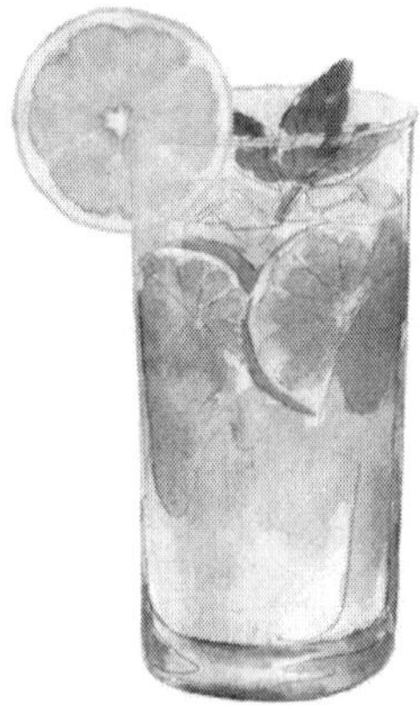

- 4 cl Gin
- 2 cl Lavendelsirup
- 6 cl Limettensaft
- Soda zum Auffüllen
- 1 EL getrocknete Lavendelblüten
- 1 Limettenzeste
- Eiswürfel

Zubereitungszeit: 5-8 Minuten

Zubereitung:

1. Limetten heiß abspülen und auspressen.
2. Einen Tumbler mit Eiswürfeln befüllen.
3. Limettensaft und Gin in den Tumbler geben.
4. Mit Soda auffüllen.
5. Über die Rückseite eines Löffels den Lavendelsirup in das Glas fließen lassen.
6. Die Lavendelblüten vorsichtig in das Glas geben.
7. Den Cocktail zum Schluss mit der Limettenzeste garnieren.

46. Brombeer-Holunder Tonic

Zutaten für 1 Portion:

- 4 cl Berliner Brandstifter
- 2 cl Brombeerlikör
- 2 cl Holundersirup
- 1 EL getrocknete Holunderblüten
- 1 Handvoll gefrorene Brombeeren
- Tonic Water zum Auffüllen
- Eiswürfel

Zubereitungszeit: 10 Minuten

Zubereitung:

1. Brombeeren und Holunderblüten in einen Cocktailshaker geben und muddeln (leicht zerdrücken).
2. Berliner Brandstifter, Brombeerlikör und Holundersirup mit in den Cocktailshaker geben.
3. Eiswürfel in den Shaker geben.
4. Den Cocktailshaker 10-15 Sekunden kräftig schütteln, bis der Shaker außen leicht beschlagen ist.
5. Den Cocktail in einen Tumbler abseihen und mit Tonic Water auffüllen.
6. Mit gefrorenen Brombeeren garnieren.

47. Lavendel-Kirsch Gin

Zutaten für 1 Portion:

- 4 cl Gin
- 2 cl Lavendelsirup
- 2 cl Kirschlikör
- 2 cl Limettensaft
- Soda zum Auffüllen
- 1 EL getrocknete Lavendelblüten
- Eiswürfel

Zubereitungszeit: 5 Minuten

Zubereitung:

1. Limetten heiß abspülen und auspressen.
2. Einen Tumbler mit Eiswürfeln befüllen.
3. Gin, Kirschlikör und Lavendelsirup in den Tumbler gießen und mit einem Barlöffel umrühren.
4. Mit Soda aufgießen.
5. Zum Schluss die getrockneten Lavendelblüten hinzufügen.

48. Holunder-Lavendel Gin

Zutaten für 1 Portion:

- 4 cl New Western Dry Gin
- 2 cl Zitronensaft
- 1 cl Zuckersirup
- 2 cl Holundersirup
- Bitter Lemon zum Auffüllen
- 1 EL getrocknete Lavendelblüten
- 1 Zitronenzeste
- Eiswürfel

Zubereitungszeit: 10 Minuten

Zubereitung:

1. Eine Zitrone heiß abspülen und auspressen.
2. Gin, Zitronensaft, Holundersirup und Zuckersirup in einen Cocktailshaker geben.
3. Den Shaker für 10-15 Sekunden kräftig schütteln.
4. Einen Tumbler mit Eiswürfel befüllen.
5. Den Cocktail in den Tumbler abseihen.
6. Mit Bitter Lemon auffüllen.
7. Zum Schluss die Lavendelblüten vorsichtig in den Cocktail geben.
8. Mit einer Zitronenzeste garnieren.

49. Hugo Gin

Zutaten für 1 Portion:

- 4 cl London Dry Gin
- 2 cl Holundersirup
- 2 cl Limettensaft
- 1 Limette
- Mineralwasser zum Auffüllen
- Eiswürfel

Zubereitungszeit: 5 Minuten

Zubereitung:

1. Limette heiß abspülen und auspressen.
2. Eine Limette in Scheiben schneiden und beiseitelegen.
3. Ein Weißweinglas mit Eiswürfeln befüllen.
4. Limettenscheibe hinzufügen, dabei eine Scheibe beiseitelegen.
5. Gin, Holundersirup und Limettensaft in das Glas geben.
6. Mit Mineralwasser auffüllen.
7. Mit einer Scheibe Limette garnieren.

50. Berry-Rose Gin

Zutaten für 1 Portion:

- 4 cl Hendrick's Gin
- 2 cl Rosenwasser
- 2 cl Waldbeerlikör
- 1 Handvoll gemischte Beeren
- 1 TL getrocknete Rosenblüten
- Soda zum Auffüllen
- Eiswürfel

Zubereitungszeit: 5 Minuten

Zubereitung:

1. Ein Weißweinglas mit Eiswürfeln befüllen.
2. Gin, Rosenwasser und Waldbeerlikör in das Glas geben und vorsichtig umrühren.
3. Mit Soda auffüllen.
4. Die gemischten Beeren hinzufügen.
5. Zum Schluss die getrockneten Rosenblüten hinzugeben.

Gin Cocktails mit Kräutern

51. Gin-Rosmarin Fizz

<u>Zutaten für 1 Portion:</u>

- 6 cl Gin
- 2 cl Rosmarinsirup
- 2 cl Zitronensaft
- Soda zum Auffüllen
- 1 Zweig Rosmarin
- 1 Zitronenzeste
- Eiswürfel

Zubereitungszeit: 5 Minuten

<u>Zubereitung:</u>

1. Eine Zitrone heiß abspülen und auspressen.
2. Gin, Zitronensaft und Rosmarinsirup in einen Cocktailshaker geben.
3. Den Shaker 10-15 Sekunden kräftig schütteln.
4. Ein Cocktailglas mit Eiswürfeln befüllen.
5. Den Cocktail in das Cocktailglas abseihen.
6. Mit einem Zweig Rosmarin und einer Zitronenzeste garnieren.

52. Blaubeer-Thymian Gin

Zutaten für 1 Portion:

- 4 cl Gin
- Einige Thymianzweige
- 1 Handvoll Blaubeeren
- 1 TL Rohrzucker
- 2 cl Granatapfelsirup
- Tonic Water zum Auffüllen
- 1 Zitronenzeste
- Eiswürfel

Zubereitungszeit: 10 Minuten

Zubereitung:

1. Zunächst den Granatapfelsirup zusammen mit den Blaubeeren in ein Glas geben und mit einem Stößel muddeln (leicht zerdrücken).
2. Den Zucker mit einigen Blättern Thymian vermischen.
3. Geben Sie die Thymian-Zucker-Mischung zu der Granatapfel-Blaubeer-Mischung.
4. Füllen Sie das Glas mit Eiswürfeln auf.
5. Geben Sie das Tonic Water hinzu und verrühren Sie alles vorsichtig miteinander.
6. Garnieren Sie den Cocktail mit einer Zitronenzeste und einem Zweig Thymian.

53. Grapefruit-Thymian Gin

Zutaten für 1 Portion:

- 4 cl Gurkengin
- 2 Zweige Thymian
- 2 cl Zitronensaft
- 2 cl Grapefruitsirup
- Soda zum Auffüllen
- Einige Scheiben Salatgurke
- Eiswürfel

Zubereitungszeit: 10 Minuten

Zubereitung:

1. Eine Zitrone heiß abspülen und auspressen.
2. Gin, Zitronensaft und Grapefruitsirup in einen Cocktailshaker geben.
3. Einen Tumbler mit Eiswürfeln befüllen.
4. Den Cocktail in das Glas abseihen.
5. Mit Soda auffüllen.
6. Einen Zweig Thymian und einige Scheiben Salatgurke in den Cocktail geben.
7. Mit einem Zweig Thymian und einer Scheibe Salatgurke garnieren.

54. Orangen-Salbei Gin

Zutaten für 1 Portion:

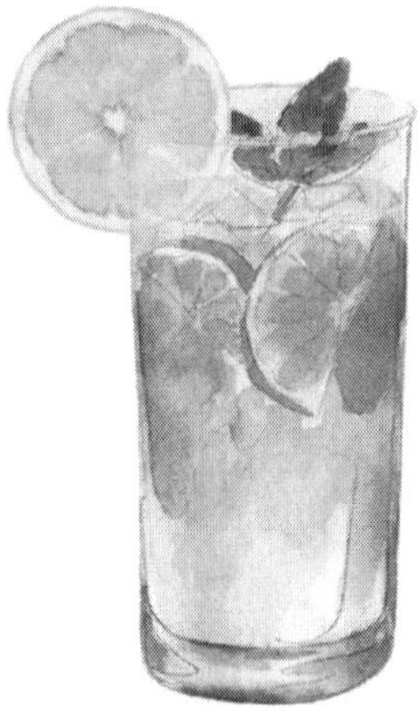

- 4 cl Gin
- 12 cl Orangensaft
- 1 EL Ahornsirup
- 3-4 frische Salbeiblätter
- 15 cl Tonic Water
- 1 Orangenzeste
- Eiswürfel

Zubereitungszeit: 5 Minuten

Zubereitung:

1. Eine Orange auspressen.
2. Geben Sie die Salbeiblätter mit dem Ahornsirup in ein Glas und zerstoßen Sie beides.
3. Befüllen Sie das Glas mit Eiswürfeln.
4. Geben Sie Gin, Orangensaft und Tonic Water hinzu und verrühren Sie alles miteinander.
5. Garnieren Sie das Glas mit einer Orangenzeste.

55. Apfel-Thymian Gin Tonic

Zutaten für 1 Portion:

- 4 cl Gin
- 1-2 Zweige Thymian
- 100 ml Apfelsaft
- 100 ml Tonic Water
- 1 TL Rohrzucker
- 1 Apfelspalte
- Eiswürfel

Zubereitungszeit: 65-70 Minuten

Zubereitung:

1. Zunächst den Thymian waschen.
2. Geben Sie Thymian und Zucker in den Apfelsaft und lassen Sie dies 60 Minuten ziehen.
3. Befüllen Sie ein Cocktailglas mit Eiswürfeln.
4. Geben Sie Gin und Tonic Water in das Glas.
5. Seihen Sie die Apfelsaft-Thymian-Mischung in das Cocktailglas ab.
6. Garnieren Sie den Cocktail mit einem Zweig Thymian und einer Apfelspalte.

56. Gurken-Gin mit Minze

Zutaten für 1 Portion:

- 6 cl Gin
- 1-2 Zweige frische Minze
- 1 EL Rohrzucker
- 15 cl Tonic Water
- 2 cl Zitronensaft
- 1 Zitronenzeste
- Einige Scheiben Salatgurke
- Eiswürfel

Zubereitungszeit: 5 Minuten

Zubereitung:

1. Eine Zitrone heiß abspülen und auspressen.
2. Die Minze waschen und trocken tupfen.
3. Gin, Zitronensaft, Rohrzucker und Tonic Water in einen Cocktailshaker geben und 10-15 Sekunden kräftig schütteln.
4. Ein Longdrinkglas mit Eiswürfeln befüllen.
5. Den Cocktail hineingießen.
6. Minze und Gurke mit in das Glas geben.
7. Zum Schluss mit einer Zitronenzeste garnieren.

57. Cassis Kiss

Zutaten für 1 Portion:

- 4 cl Gin
- 2 cl Johannisbeerlikör
- 4 cl Johannisbeersaft
- 1 Stängel frischer Salbei
- Tonic Water zum Auffüllen
- 1 Zweig Johannisbeeren
- Eiswürfel

Zubereitungszeit: 10 Minuten

Zubereitung:

1. Salbei in einen Cocktailshaker geben und mit einem Stößel zerdrücken.
2. Gin, Johannisbeerlikör und Johannisbeersaft mit in den Cocktailshaker geben und kräftig schütteln.
3. Einen Tumbler mit Eiswürfeln befüllen.
4. Den Cocktail in den Tumbler abseihen.
5. Mit Tonic Water aufgießen.
6. Mit etwas Salbei und einem Zweig Johannisbeere garnieren.

58. Raspberry-Thyme Smash

Zutaten für 1 Portion:

- 6 cl Gin
- 2 cl Himbeersirup
- 1 Handvoll Himbeeren
- 3 cl Limettensaft
- 1 Zweig Thymian
- Eiswürfel

Zubereitungszeit: 5 Minuten

Zubereitung:

1. Limette heiß abspülen und auspressen.
2. Himbeeren waschen und gemeinsam mit dem Thymian in einem Cocktailshaker zerstoßen.
3. Gin, Himbeersirup und Limettensaft hinzufügen und alles 10-15 Sekunden kräftig schütteln.
4. Einen Tumbler mit Eiswürfeln befüllen und den Cocktail dahinein abseihen.
5. Mit einer Himbeere und einem Zweig Thymian garnieren.

59. Grapefruit-Rosmarin Gin Fizz

Zutaten für 1 Portion:

- 4 cl Gin
- 200 ml Grapefruitsaft
- 100 ml Tonic Water
- Einige Zweige Rosmarin
- 1 Zitronenzeste
- Crushed Ice

Zubereitungszeit: 5 Minuten

Zubereitung:

1. Eine Grapefruit auspressen.
2. Den Grapefruitsaft zusammen mit dem Gin in einen Cocktailshaker geben und kräftig schütteln.
3. Crushed Ice in einen Tumbler füllen und den Cocktail hineingießen.
4. Mit Tonic Water aufgießen.
5. Rosmarinzweige in den Cocktail geben.
6. Mit einer Zitronenzeste garnieren.

60. Mango-Rosmarin Gin

Zutaten für 1 Portion:

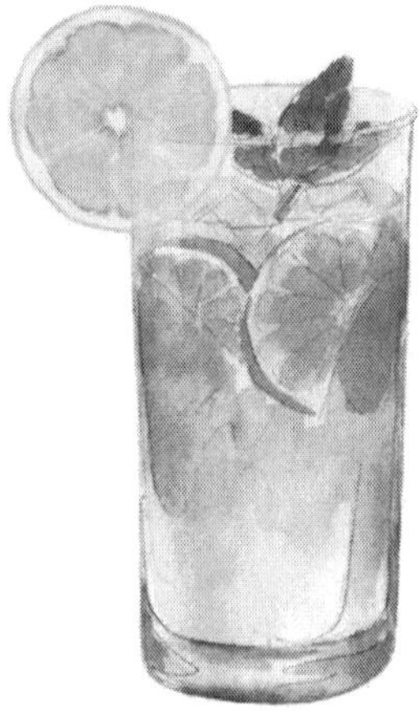

- 4 cl Gin
- 2 cl Gingerbeer
- 2 cl Limettensaft
- Einige Zweige Rosmarin
- ½ Mango
- ½ TL Zucker
- Einige Blätter Minze
- 2 Limettenzesten
- Eiswürfel

Zubereitungszeit: 5 Minuten

Zubereitung:

1. Eine Limette heiß abspülen und auspressen.
2. Die Mango schälen und in grobe Stücke schneiden.
3. Mango, Gin, Gingerbeer, Limettensaft, Eiswürfel und Zucker in einen Standmixer geben und pürieren.
4. Den pürierten Cocktail in ein Cocktailglas geben.
5. Die Kräuter abzupfen und ebenfalls mit ins Cocktailglas geben.
6. Mit den Limettenzesten garnieren.

61. Zirben-Kräuter Gin

Zutaten für 1 Portion:

- 3 cl Gin
- 2 cl Kräuterschnaps nach Wahl
- 150 ml Ginger Ale
- 1 EL brauner Rohrzucker
- 1 Zweig Rosmarin
- 1 Zitronenzeste
- Crushed Ice

Zubereitungszeit: 5-8 Minuten

Zubereitung:

1. Gin, Kräuterschnaps und Rohrzucker in einen Cocktailshaker geben und kräftig schütteln.
2. Ein Cocktailglas mit Crushed Ice befüllen.
3. Den Cocktail hineingeben.
4. Mit Ginger Ale aufgießen.
5. Einen Rosmarinzweig mit in den Cocktail geben und mit einer Zitronenzeste garnieren.

62. Basil-Lemon Gin

Zutaten für 1 Portion:

- 4 cl Gin
- 15 cl Zuckersirup
- 2 cl Zitronensaft
- 2 cl Limettensaft
- 1 Handvoll Basilikumblätter
- 1 Zitronenscheibe
- Eiswürfel

Zubereitungszeit: 10 Minuten

Zubereitung:

1. Eine Zitrone und eine Limette waschen und auspressen.
2. Basilikum waschen und grob hacken.
3. Gin, Zuckersirup, Zitronensaft, Basilikum und Limettensaft in einen Cocktailshaker geben.
4. Den Cocktail 10-15 Sekunden kräftig schütteln.
5. Ein Cocktailglas mit Eiswürfeln befüllen.
6. Den Cocktail in das Glas abseihen.
7. Mit einer Zitronenscheibe garnieren.

63. Gin-Wildkräuter Smash

Zutaten für 1 Portion:

- 5 cl Gin
- 1 TL Wildkräuter
- 2 cl Limettensirup
- ¼ Zitrone
- 1 Limettenzeste
- Crushed Ice

Zubereitungszeit: 10 Minuten

Zubereitung:

1. Die Zitrone heiß abspülen und die Schale abreiben. Das Fruchtfleisch würfeln.
2. Die Wildkräuter waschen und trocken tupfen.
3. Die Hälfte der Zitronen und der Wildkräuter in einen Cocktailshaker geben und mit einem Stößel zerquetschen.
4. Gin und Limettensirup hinzugeben und kräftig schütteln.
5. Ein Cocktailglas mit Crushed Ice befüllen und den Cocktail in das Glas abseihen.
6. Mit einer Limettenzeste, den restlichen Zitronen und Wildkräutern garnieren.

64. Kräuter-Birnen Gin

Zutaten für 1 Portion:

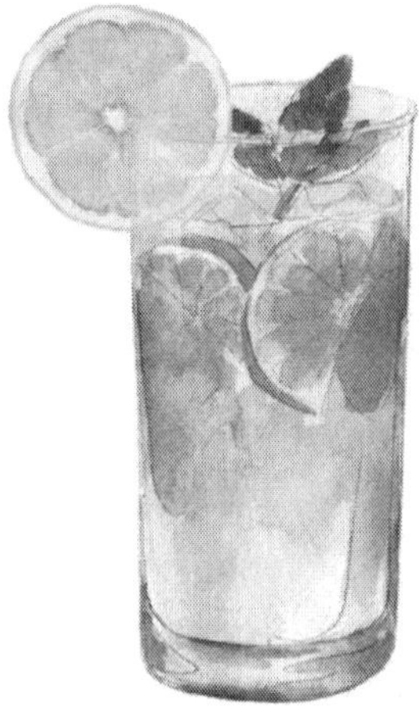

- 4 cl Gin
- 6 cl Birnensaft
- 2 cl Limettensaft
- 1-2 Zweige Rosmarin
- 1-2 Zweige Minze
- 1-2 Zweige Thymian
- Ginger Ale zum Aufgießen
- Eiswürfel

Zubereitungszeit: 10 Minuten

Zubereitung:

1. Gin, Birnensaft, Limettensaft, Minze, Rosmarin und Thymian mit einigen Eiswürfeln in einen Cocktailshaker geben.
2. Den Cocktailshaker 10-15 Sekunden kräftig schütteln.
3. Ein Cocktailglas mit Eiswürfeln befüllen und den Cocktail abseihen.
4. Mit Ginger Ale aufgießen.
5. Mit einigen Zweigen der Kräuter garnieren.

65. Himbeer-Minze Gin

Zutaten für 1 Portion:

- 5 cl Gin
- 2 Zweige Minze
- Soda zum Aufgießen
- 1 TL Zucker
- 1 Limette
- 1 Handvoll Himbeeren
- Eiswürfel

Zubereitungszeit: 5 Minuten

Zubereitung:

1. Die Limette waschen und vierteln.
2. Die Minze waschen und zusammen mit den Limettenstücken und dem Zucker in ein Cocktailglas geben und mit einem Stößel zerdrücken.
3. Himbeeren hinzufügen und ebenfalls leicht zerdrücken.
4. Eiswürfel hinzufügen.
5. Gin hinzufügen.
6. Mit Soda aufgießen.
7. Zum Schluss mit Himbeeren und mit einem Zweig Minze garnieren.

66. Rosmarin-Granatapfel Gin Fizz

Zutaten für 1 Portion:

- 6 cl Gin
- 3 cl Rosmarinsirup
- 6 cl Granatapfelsaft
- 1 EL Granatapfelkerne
- 1 Zweig Rosmarin
- 1 Zitronenzeste
- Soda zum Auffüllen
- Eiswürfel

Zubereitungszeit: 5 Minuten

Zubereitung:

1. Füllen Sie ein Highballglas mit Eiswürfeln auf.
2. Füllen Sie anschließend Gin, Rosmarinsirup und Granatapfelsaft in das Glas und verrühren Sie die Zutaten vorsichtig.
3. Mit Soda auffüllen.
4. Granatapfelkerne mit in das Glas geben.
5. Zum Schluss mit einer Zitronenzeste und einem Zweig Rosmarin garnieren.

67. Kräuter Mule mit Gin

Zutaten für 1 Portion:

- 3 cl Gin
- 3 cl Kräuterlikör
- 1 cl Mandelsirup
- 6 cl Cranberrysaft
- 1 cl Zitronensaft
- Ginger Ale zum Auffüllen
- Eiswürfel
- 1 Zitronenzeste

Zubereitungszeit: 10 Minuten

Zubereitung:

1. Ein Highballglas mit Eiswürfeln befüllen.
2. Gin, Kräuterlikör, Mandelsirup, Zitronensaft und Cranberrysaft in das Highballglas geben und mit einem Barlöffel umrühren.
3. Mit Ginger Ale auffüllen.
4. Mit einer Zitronenzeste garnieren.

68. Gin Tonic mit Pfefferminze und Erdbeere

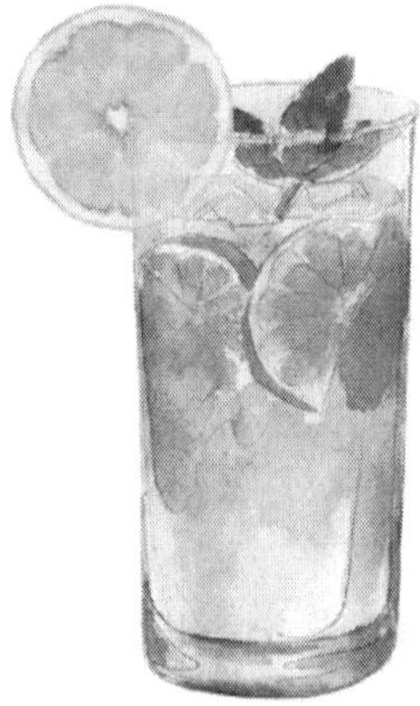

Zutaten für 1 Portion:

- 4 cl Gin
- Einige Zweige Pfefferminze
- 2 cl Erdbeerlikör
- 1 Handvoll Erdbeeren
- Tonic Water zum Auffüllen
- Eiswürfel

Zubereitungszeit: 10 Minuten

Zubereitung:

1. Erdbeeren und Minze waschen.
2. Beides in einen Cocktailshaker geben und mit einem Barstößel zerdrücken.
3. Gin und Erdbeerlikör hinzufügen und den Shaker für 10-15 Sekunden kräftig schütteln.
4. Einen Tumbler mit Eiswürfeln befüllen.
5. Den Cocktail in den Tumbler abseihen.
6. Mit Tonic Water aufgießen.
7. Zum Schluss mit etwas Minze garnieren.

69. Rucola-Gin Cocktail

Zutaten für 1 Portion:

- 4 cl Gin
- 2 cl Dry Martini
- 2 cl Zitronensaft
- 1 Handvoll Rucola
- 1 Zitronenzeste
- Eiswürfel

Zubereitungszeit: 8 -10 Minuten

Zubereitung:

1. Rucola waschen und trockentupfen.
2. Eine Zitrone auspressen.
3. Zitronensaft, vier bis sechs Eiswürfel und Rucola in einen Mixer geben und pürieren.
4. Rucolapüree, Gin und Martini in einen Cocktailshaker geben und kräftig schütteln.
5. Einen Tumbler mit Eiswürfeln befüllen.
6. Den Cocktail in den Tumbler abseihen.
7. Mit etwas Rucola und einer Zitronenzeste garnieren.

70. Orangen-Rosmarin Gin

Zutaten für 1 Portion:

- 4 cl Gin
- 6 cl Orangensaft
- ½ Orange
- Einige Zweige Rosmarin
- Orangenlimonade zum Auffüllen
- 1 Orangenscheibe
- Eiswürfel

Zubereitungszeit: 10 Minuten

Zubereitung:

1. Eine Orange waschen und auspressen.
2. Die halbe Orange schälen und würfeln.
3. Rosmarin waschen und zusammen mit den Orangenstückchen in einen Cocktailshaker geben.
4. Mit einem Stößel zerdrücken.
5. Gin und Orangensaft hinzufügen und kräftig schütteln.
6. Einen Tumbler mit Eiswürfeln befüllen.
7. Den Cocktail in den Tumbler abseihen.
8. Mit Orangenlimonade auffüllen.
9. Zum Schluss mit einer Orangenscheibe und einem Zweig Rosmarin garnieren.

71. Himbeer-Rosmarin Gin mit Minze

Zutaten für 1 Portion:

- 2 cl Gin
- 2 cl Himbeersirup
- 200 ml Prosecco
- ½ Limette
- 1 Limettenzeste
- 1 Handvoll Himbeeren
- Einige Blätter frische Minze
- 1 Zweig Rosmarin
- Eiswürfel

Zubereitungszeit: 5 Minuten

Zubereitung:

1. Die Limette auspressen.
2. Himbeeren und Minze waschen.
3. Ein Highballglas mit Eiswürfeln befüllen.
4. Gin, Himbeersirup, Limettensaft und Prosecco in das Highballglas füllen und mit einem Barlöffel umrühren.
5. Minze, Rosmarin und Himbeeren hinzufügen.
6. Das Glas zum Schluss mit einer Limettenzeste garnieren.

72. Blutorangen Gin mit Rosmarin

Zutaten für 1 Portion:

- 4 cl Gin
- 1 Blutorange
- 9 cl Prosecco
- 10 cl Tonic Water
- 2 Zweige Rosmarin
- 1 Scheibe Blutorange
- Eiswürfel

Zubereitungszeit: 5 Minuten

Zubereitung:

1. Die Blutorange auspressen.
2. Blutorangensaft, Tonic Water und Gin in einen Cocktailshaker geben und kräftig schütteln.
3. Ein Highballglas mit Eiswürfeln befüllen.
4. Den Cocktail in das Highballglas abseihen.
5. Mit Prosecco aufgießen.
6. Zwei Zweige Rosmarin in das Glas geben.
7. Zum Schluss mit einer Scheibe Blutorange garnieren.

73. Thymian-Kirsch Gin

Zutaten für 1 Portion:

- 4 cl Gin
- 2 cl Zuckersirup
- 2 cl Zitronensaft
- 150 ml Kirschsaft
- 1 Handvoll Kirschen
- Einige Zweige Thymian
- Eiswürfel

Zubereitungszeit: 5-8 Minuten

Zubereitung:

1. Kirschen und Thymian waschen.
2. Beides in einen Cocktailshaker geben und mit einem Stößel zerquetschen.
3. Eine Zitrone waschen und auspressen.
4. Gin, Zitronensaft, Zuckersirup, Eiswürfel und Kirschsaft mit in den Shaker geben.
5. Den Cockailshaker 10-15 Sekunden kräftig schütteln.
6. Den Cocktail in einen Tumbler abseihen.
7. Mit einem Zweig Thymian garnieren.

74. Limette-Minze Gin Tonic

Zutaten für 1 Portion:

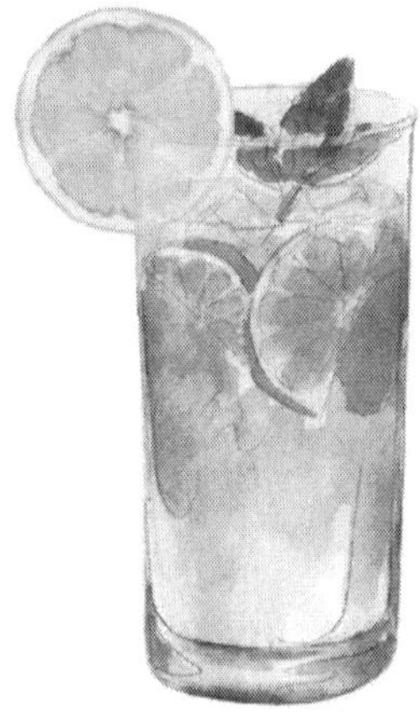

- 4 cl Gin
- 4 cl Limettensaft
- 1 Limette
- Einige Blätter Minze
- Tonic Water zum Aufgießen
- 1 Limettenscheibe
- Eiswürfel

Zubereitungszeit: 5-8 Minuten

Zubereitung:

1. Eine Limette waschen und in kleine Stücke schneiden.
2. Minze waschen und trockentupfen.
3. Limettenstücke und Minze in einen Cocktailshaker geben und mit einem Stößel muddeln (leicht zerdrücken).
4. Gin und Limettensaft hinzufügen und kräftig schütteln.
5. Den Cocktail in einen Tumbler abseihen.
6. Anschließend mit Tonic Water auffüllen.
7. Eiswürfel und einen Zweig Minze hinzufügen.
8. Zum Schluss mit einer Scheibe Limette garnieren.

75. Thymian-Honig Gin

Zutaten für 1 Portion:

- 4 cl Gin
- 1 EL Honig
- 150 ml Apfelsaft
- Einige Zweige Thymian
- 1 Apfelspalte
- Eiswürfel

Zubereitungszeit: 5 Minuten

Zubereitung:

1. Gin, Honig und Apfelsaft in einen Cocktailshaker geben.
2. Den Shaker mindestens eine Minute kräftig schütteln.
3. Einen Tumbler mit Eiswürfeln befüllen.
4. Den Cocktail in den Tumbler abseihen.
5. Einige Zweige Thymian mit in das Glas geben.
6. Mit einer Apfelspalte garnieren.

Fruchtige Gin Cocktails

76. Strawberry Fever

Zutaten für 1 Portion:

- 4 cl Gin
- 1 Handvoll frische Erdbeeren
- 2 cl Erdbeersirup
- 150 ml Rhabarberschorle
- Eiswürfel

Zubereitungszeit: 10 Minuten

Zubereitung:

1. Erdbeeren waschen.
2. Die Hälfte der Erdbeeren in einen Cocktailshaker geben und mit einem Stößel zerdrücken.
3. Gin, Erdbeersirup und Rhabarberschorle in den Cocktailshaker geben und kräftig schütteln.
4. Ein Cocktailglas mit Eiswürfeln befüllen.
5. Den Cocktail in das Cocktailglas abseihen.
6. Die restlichen Erdbeeren ins Glas geben.

77. Cranberry Gin Tonic

Zutaten für 1 Portion:

- 6 cl Gin
- 150 ml Cranberrysaft
- Tonic Water zum Auffüllen
- Salatgurke
- Eiswürfel

Zubereitungszeit: 5 + 30 Minuten Kühlzeit

Zubereitung:

1. Zunächst die Salatgurke waschen.
2. Mit einem Sparschäler ein paar dünne Scheiben der Länge nach von der Gurke abschälen.
3. Die Gurkenstreifen für 30 Minuten ins Gefrierfach legen.
4. Ein Highballglas mit Eiswürfeln befüllen.
5. Gefrorene Gurke hinzufügen.
6. Gin und Cranberrysaft hinzufügen.
7. Mit Tonic Water aufgießen.

78. Wild Berry Gin

Zutaten für 1 Portion:

- 4 cl Gin
- 200 ml Wild Berry
- 2 cl Limettensaft
- ½ Limette
- 1 Handvoll gemischte Beeren nach Wahl
- Eiswürfel

Zubereitungszeit: 5 Minuten

Zubereitung:

1. Limette waschen und auspressen.
2. Die halbe Limette waschen und in Stücke schneiden.
3. Einen Tumbler mit Eiswürfeln befüllen.
4. Gin, Limettensaft und Wild Berry in das Glas geben und vorsichtig verrühren.
5. Die gemischten Beeren und die Limettenstücke mit in das Glas geben.

79. Grapefruit-Honig Gin

Zutaten für 1 Portion:

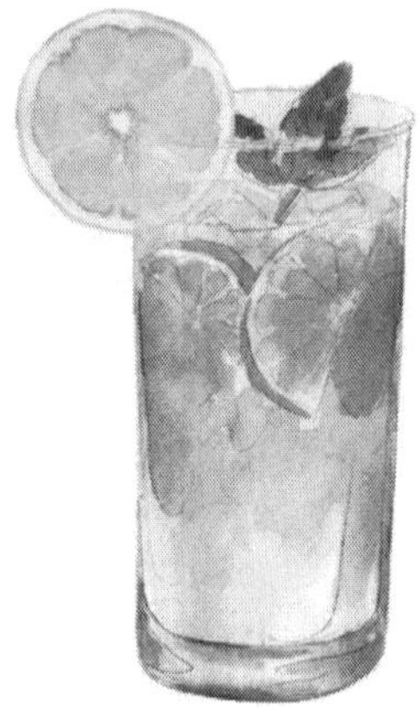

- 5 cl Dry Gin
- Saft einer ½ Grapefruit
- 1 TL Honig
- Tonic Water zum Auffüllen
- 1 Scheibe Grapefruit
- Eiswürfel

Zubereitungszeit: 8-10 Minuten

Zubereitung:

1. Zunächst die Grapefruit auspressen.
2. Gin, Grapefruitsaft und Honig in einen Cocktailshaker geben und kräftig schütteln.
3. Einen Tumbler mit Eiswürfeln befüllen.
4. Den Cocktail in den Tumbler abseihen.
5. Mit Tonic Water aufgießen.
6. Das Glas zum Schluss mit einer Scheibe Grapefruit garnieren.

80. Erdbeer-Vanille Gin

Zutaten für 1 Portion:

- 4 cl Gin
- 1 Handvoll Erdbeeren
- Mark einer halben Vanilleschote
- 7 cl Erdbeersirup
- 5 cl Limettensaft
- Mineralwasser zum Aufgießen
- 1 Limettenzeste
- Crushed Ice

Zubereitungszeit: 8-10 Minuten

Zubereitung:

1. Die Erdbeeren waschen und klein schneiden.
2. Die Vanilleschote in der Länge aufschneiden und etwas von dem Mark herauskratzen.
3. Ein Highballglas mit Crushed Ice befüllen.
4. Vanillemark, Gin, Erdbeersirup und Limettensaft hinzufügen und den Cocktail vorsichtig umrühren.
5. Die Erdbeeren mit in das Glas geben.
6. Mit Mineralwasser aufgießen.
7. Zum Schluss mit einer Limettenzeste garnieren.

81. Iced Mango Gin

Zutaten für 1 Portion:

- 3 cl Gin
- 3 cl Gingerbeer
- 100 g gefrorene Mango
- 1 cl Zuckersirup
- 2 cl Limettensaft
- 1 Limettenzeste
- Eiswürfel

Zubereitungszeit: 5 Minuten

Zubereitung:

1. Limette heiß abspülen und auspressen.
2. Gin, Mango, Zuckersirup, Eiswürfel und Limettensaft in einen Standmixer geben und pürieren.
3. Cocktail in einen Tumbler gießen.
4. Mit Gingerbeer aufgießen und etwas verrühren.
5. Mit einer Limettenzeste garnieren.

82. Apfel-Limetten Gin

Zutaten für 1 Portion:

- 4 cl Gin
- 4 cl Limettensaft
- 1 TL brauner Rohrzucker
- 150 ml Apfelsaft
- ½ Limette
- Eiswürfel

Zubereitungszeit: 5 Minuten

Zubereitung:

1. Die Limette waschen und in Scheiben schneiden.
2. Gin, Zucker, Apfelsaft und Limettensaft in einen Cocktailshaker geben.
3. Den Cocktail 20-30 Sekunden kräftig schütteln.
4. Das Cocktailglas mit Eiswürfeln befüllen.
5. Den Cocktail in das Cocktailglas abseihen.
6. Die Limettenstücke in den Cocktail geben.

83. Triple Orange Gin Tonic

Zutaten für 1 Portion:

- 1 TL Orangenmarmelade
- 3 cl Gin
- 3 cl Orangensaft
- 2 cl Orangenlikör
- Tonic Water zum Auffüllen
- 1 Orangenzeste
- Eiswürfel

Zubereitungszeit: 5 Minuten

Zubereitung:

1. Eine Orange waschen und auspressen.
2. Ein Highballglas mit Eiswürfeln befüllen.
3. Gin, Marmelade, Orangensaft und Orangenlikör in das Glas geben und mit einem Barlöffel verrühren.
4. Mit Tonic Water auffüllen.
5. Zum Schluss mit einer Orangenzeste garnieren.

84. Tropical Gin

Zutaten für 1 Portion:

- 5 cl Gin
- 4 cl Orangensaft
- 4 cl Maracujasaft
- 2 cl Ananassaft
- 2 cl Zitronensaft
- 1 Orangenzeste
- 1 Ananasscheibe
- Eiswürfel

Zubereitungszeit: 10 Minuten

Zubereitung:

1. Gin, Orangensaft, Ananassaft, Maracujasaft und Zitronensaft in einen Cocktailshaker geben.
2. Den Shaker 20-30 Sekunden kräftig schütteln.
3. Ein Longdrinkglas mit Eiswürfeln befüllen.
4. Den Cocktail in das Longdrinkglas gießen.
5. Zum Schluss mit einer Orangenzeste und einer Ananasscheibe garnieren.

85. Berry Lover

Zutaten für 1 Portion:

- 2 cl Gin
- 2 cl Himbeerlikör
- 2 cl Johannisbeerlikör
- 150 ml Erdbeersaft
- Soda zum Auffüllen
- 1 Handvoll gemischte Beeren
- Eiswürfel

Zubereitungszeit: 5 Minuten

Zubereitung:

1. Gin, Himbeerlikör, Johannisbeerlikör und Erdbeersaft in einen Cocktailshaker geben und kräftig schütteln.
2. Ein Longdrinkglas mit Eiswürfeln befüllen und den Cocktail hineingießen.
3. Die gemischten Beeren hinzufügen.
4. Mit Soda aufgießen.

86. Fresh Start

Zutaten für 1 Portion:

- 3 cl Gin
- 3 cl Himbeerlikör
- 100 ml Granatapfelsaft
- 4 cl Prosecco
- 5 cl Orangensaft
- 2 cl Zitronensaft
- 1 EL Granatapfelkerne
- 1 Orangenscheibe
- Eiswürfel

Zubereitungszeit: 10 Minuten

Zubereitung:

1. Gin, Himbeerlikör, Granatapfelsaft, Orangensaft und Zitronensaft in einen Cocktailshaker geben und gut schütteln.
2. Ein Highballglas mit Eiswürfeln befüllen.
3. Den Cocktail in das Highballglas geben.
4. Mit Prosecco aufgießen.
5. Granatapfelkerne hinzufügen.
6. Mit einer Orangenscheibe garnieren.

87. Purple Magic

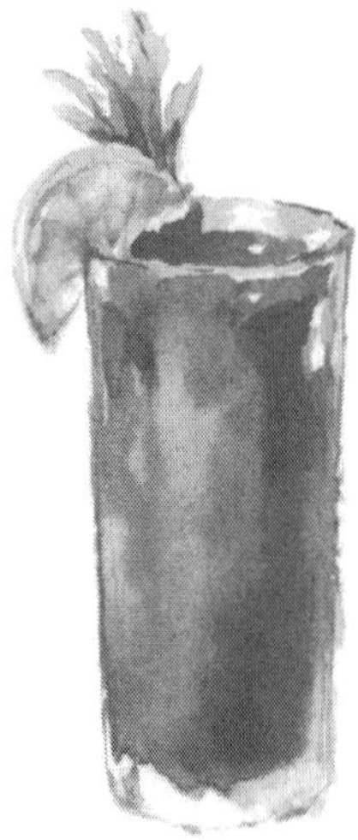

Zutaten für 1 Portion:

- 3 cl Gin
- 3 cl brauner Rum
- 2 cl Pflaumenlikör
- 150 ml Johannisbeersaft
- Soda zum Auffüllen
- 1 Handvoll frische Johannisbeeren
- Crushed Ice

Zubereitungszeit: 5 Minuten

Zubereitung:

1. Gin, Rum, Pflaumenlikör, Crushed Ice und Johannisbeersaft in einen Cocktailshaker geben.
2. Den Shaker 10-15 Sekunden kräftig schütteln.
3. Den Cocktail in ein Longdrinkglas geben.
4. Mit Soda aufgießen.
5. Mit Johannisbeeren garnieren.

88. Strawberry-Watermelon Splash

<u>**Zutaten für 1 Portion:**</u>

- 3 cl Gin
- 100 g Wassermelone (kernarm)
- 1 Handvoll gefrorene Erdbeeren
- 1 Limette
- Crushed Ice

Zubereitungszeit: 5-8 Minuten

<u>**Zubereitung:**</u>

1. Eine Limette heiß abspülen und auspressen.
2. Gin, Erdbeeren, Limettensaft, Wassermelone und Crushed Ice in einen Standmixer geben und zu einer glatten Masse mixen.
3. Den Cocktail in eine Cocktailschale gießen.
4. Mit einer Erdbeere garnieren.

89. Rhabarber Gin

Zutaten für 1 Portion:

- 3 cl Gin
- 3 cl Sekt (halbtrocken)
- 2 cl Rhabarbersirup
- 2 cl Zuckersirup

Zubereitungszeit: 5 Minuten

Zubereitung:

1. Alle Zutaten in eine Sektschale geben.
2. Mit einem Barlöffel verrühren.

90. Sandsturm

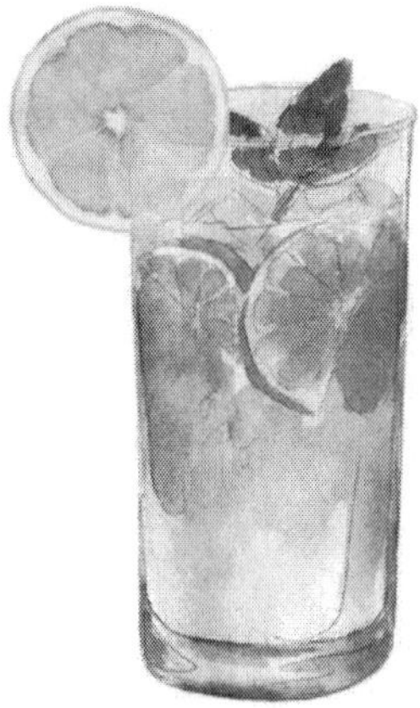

Zutaten für 1 Portion:

- 4 cl Gin
- 2 cl Orangenlikör
- 10 cl Apfelsaft
- 3 cl Sanddorn Direktsaft
- 1 Orangenzeste
- Eiswürfel

Zubereitungszeit: 5-8 Minuten

Zubereitung:

1. Gin, Orangenlikör, Apfelsaft und Sanddorn Direktsaft in einen Cocktailshaker geben.
2. Den Shaker kräftig schütteln
3. Ein Highballglas mit Eiswürfeln befüllen.
4. Den Cocktail in das Highballglas abseihen.
5. Mit einer Orangenzeste garnieren.

91. Peach Passion

Zutaten für 1 Portion:

- 3 cl Gin
- 150 ml Piccolo
- 1 Handvoll gefrorene Himbeeren
- 6 cl Pfirsichnektar
- ½ Pfirsich
- Eiswürfel

Zubereitungszeit: 5 Minuten

Zubereitung:

1. Himbeeren und Pfirsich waschen.
2. Den Pfirsich grob zerkleinern.
3. Ein Highballglas mit Eiswürfeln befüllen.
4. Pfirsichstücke und Himbeeren hinzufügen.
5. Gin, Pfirsichnektar und Piccolo in das Glas geben und vorsichtig umrühren.
6. Mit einer Himbeere garnieren.

92. Wild Berry Gin Tonic

Zutaten für 1 Portion:

- 4 cl Gin
- 4 cl Sauerkirschsaft
- 1 Handvoll Johannisbeeren
- 1 Handvoll Himbeeren
- 2-3 Erdbeeren
- ½ Limette
- Tonic Water zum Auffüllen
- Crushed Ice

Zubereitungszeit: 10 Minuten

Zubereitung:

1. Himbeeren, Erdbeeren und Johannisbeeren waschen.
2. Die Limette auspressen.
3. Obst in einen Standmixer geben und zusammen mit Gin, Crushed Ice, Sauerkirschsaft und Limettensaft in einen Mixer geben und pürieren.
4. Den Cocktail in ein Highballglas geben und mit Tonic Water aufgießen.
5. Mit ein paar Beeren garnieren.

93. Havana Night

Zutaten für 1 Portion:

- 4 cl Gin
- 4 cl Rum
- 8 cl Ginger Ale
- 3 cl Blue Curaçao
- 10 cl Orangensaft
- 10 cl Limettensaft
- 1 Orangenscheibe
- Eiswürfel

Zubereitungszeit: 5 Minuten

Zubereitung:

1. Gin, Rum, Ginger Ale, Orangensaft und Limettensaft in einen Cocktailshaker geben.
2. Eiswürfel hinzufügen.
3. Den Shaker für 20-30 Sekunden kräftig schütteln.
4. Den Cocktail in ein Cocktailglas abseihen.
5. Den Blue Curaçao über die Rückseite eines Löffels in das Glas gießen.
6. Mit einer Orangenscheibe garnieren.

94. Apricot Dream

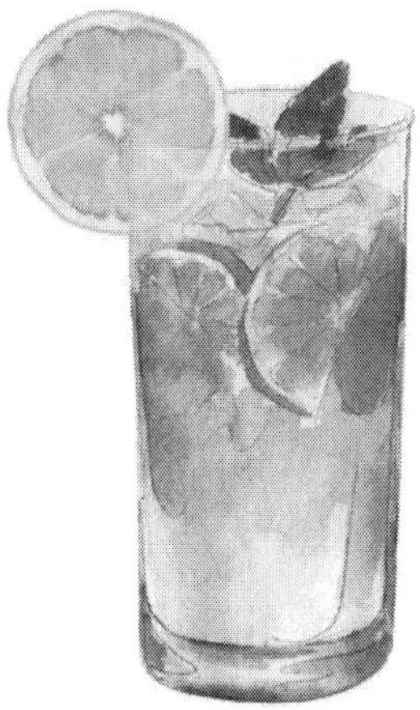

Zutaten für 1 Portion:

- 3 cl Gin
- 2 cl Apricot Brandy
- 6 cl Aprikosennektar
- 56 cl Maracujanektar
- 1 Aprikosenspalte
- Eiswürfel

Zubereitungszeit: 5-8 Minuten

Zubereitung:

1. Gin, Apricot Brandy, Aprikosennektar und Maracujanektar in einen Cocktailshaker geben.
2. Den Shaker 10-15 Sekunden kräftig schütteln.
3. Ein Cocktailglas mit Eiswürfeln befüllen.
4. Den Cocktail in das Cocktailglas abseihen.
5. Mit einer Aprikosenspalte garnieren.

95. Pineapple Fizz

Zutaten für 1 Portion:

- 4 cl Gin
- 2 cl Zuckersirup
- 2 cl Zitronensaft
- 10 cl Ananassaft
- 1 Ananasscheibe
- Eiswürfel

Zubereitungszeit: 5 Minuten

Zubereitung:

1. Eine Zitrone waschen und auspressen.
2. Gin, Zuckersirup, Zitronensaft und Ananassaft in einen Cocktailshaker geben.
3. Den Shaker 10-15 Sekunden kräftig schütteln.
4. Ein Highballglas mit Eiswürfeln befüllen.
5. Den Cocktail in das Glas gießen.
6. Mit einer Ananasscheibe garnieren.

96. Ladykiller

Zutaten für 1 Portion:

- 3 cl Gin
- 3 cl Apricot Brandy
- 6 cl Ananassaft
- 6 cl Maracujasaft
- 2 cl Cointreau
- 1 Orangenscheibe
- 1 Cocktailkirsche
- Eiswürfel

Zubereitungszeit: 10 Minuten

Zubereitung:

1. Einen Cocktailshaker mit Eiswürfeln befüllen.
2. Cointreau, Gin, Ananassaft, Maracujasaft und Apricot Brandy hinzufügen.
3. Den Cocktailshaker 10-15 Sekunden kräftig schütteln, bis er außen leicht beschlagen ist.
4. Ladykiller in ein Highballglas abseihen.
5. Mit einer Orangenscheibe und einer Cocktailkirsche garnieren.

97. Singapore Sling

Zutaten für 1 Portion:

- 4 cl Gin
- 4 cl Cherry Brandy
- 6 cl Zitronensaft
- 1 TL Zucker
- 1 Zitronenzeste
- 1 Cocktailkirsche
- Eiswürfel

Zubereitungszeit: 5 Minuten

Zubereitung:

1. Eine Zitrone waschen und auspressen.
2. Einen Cocktailshaker mit Eiswürfeln befüllen.
3. Cherry Brandy, Gin, Zucker und Zitronensaft in den Cocktailshaker geben.
4. Den Shaker 10-15 Sekunden kräftig schütteln, bis er außen leicht beschlagen ist.
5. Den Cocktail in ein Cocktailglas geben.
6. Mit einer Zitronenzeste und einer Cocktailkirsche garnieren.

98. Zombie

Zutaten für 1 Portion:

- 2 cl Gin
- 2 cl Cointreau
- 2 cl weißer Rum
- 2 cl Grenadine
- 4 cl Johannisbeersaft
- 4 cl Ananassaft
- 4 cl Orangensaft
- 2 cl Limettensaft
- 1 Orangenzeste
- Eiswürfel

Zubereitungszeit: 10 Minuten

Zubereitung:

1. Eine Limette und eine Orange heiß abspülen und auspressen.
2. Beides zusammen mit Eiswürfeln, Gin, Cointreau, Rum, Johannisbeersaft und Ananassaft in einen Cocktailshaker geben.
3. Den Shaker 10-15 Sekunden schütteln, bis er außen leicht beschlagen ist.
4. Cocktail in ein Cocktailglas abseihen.
5. Grenadine über die Rückseite eines Löffels in den Cocktail geben.
6. Mit einer Orangenzeste garnieren.

99. Blue Fizz

Zutaten für 1 Portion:

- 4 cl Gin
- 2 cl Blue Curaçao
- 2 cl Zuckersirup
- 1 Handvoll frische Blaubeeren
- 2 cl Zitronensaft
- 2 cl Limettensaft
- 1 Zitronenzeste
- Eiswürfel

Zubereitungszeit: 10 Minuten

Zubereitung:

1. Eine Limette und eine Zitrone waschen und auspressen.
2. Zitronensaft, Limettensaft, Gin und Zuckersirup in einen Cocktailshaker geben.
3. Den Shaker kräftig schütteln.
4. Einen Tumbler mit Eiswürfeln befüllen.
5. Den Cocktail in den Tumbler gießen.
6. Blue Curaçao über die Rückseite eines Löffels in den Cocktail geben.
7. Blaubeeren waschen und ebenfalls in den Cocktail geben.
8. Das Glas zum Schluss mit einer Zitronenzeste garnieren.

100. Sea Breeze

Zutaten für 1 Portion:

- 4 cl Gin
- 4 cl Cranberrysaft
- 4 cl Grapefruitsaft
- 2 cl Limettensaft
- 1 Limettenzeste
- Crushed Ice

Zubereitungszeit: 5-8 Minuten

Zubereitung:

1. Eine Limette heiß abspülen und auspressen.
2. Ein Longdrinkglas mit Crushed Ice befüllen.
3. Gin, Cranberrysaft, Grapefruitsaft und Limettensaft in das Glas geben.
4. Alles vorsichtig mit einem Barlöffel verrühren.
5. Den Cocktail zum Schluss mit einer Limettenzeste garnieren.

Cremige Gin Cocktails

101. Creamy Strawberry Gin

Zutaten für 1 Portion:

- 6 cl Gin
- 6 cl Schlagsahne
- 4 cl Milch
- 2 cl Erdbeersirup
- 1 Handvoll Erdbeeren
- Eiswürfel

Zubereitungszeit: 10 Minuten

Zubereitung:

1. Die Erdbeeren waschen, eine Erdbeere beiseitelegen.
2. Die Erdbeeren grob zerkleinern. Anschließend in einen Mixer geben und zu einer glatten Masse pürieren.
3. Die Masse zusammen mit Gin, Milch, Sahne, Erdbeersirup und Eiswürfeln in einen Cocktailshaker geben und kräftig schütteln.
4. Den Cocktail in ein Cocktailglas abseihen.
5. Zum Schluss mit einer Erdbeere garnieren.

102. Choco Gin

Zutaten für 1 Portion:

- 4 cl Gin
- 2 cl Creme de Cacao
- 4 cl Schlagsahne
- 3 cl Milch
- Etwas Kakaopulver
- Eiswürfel

Zubereitungszeit: 5 Minuten

Zubereitung:

1. Gin, Creme de Cacao, Sahne, Milch und Eiswürfel in einen Cocktailshaker geben.
2. Den Shaker 10-15 Sekunden kräftig schütteln, bis er außen leicht beschlagen ist.
3. Den Cocktail in ein Martiniglas abseihen.
4. Zum Schluss mit etwas Kakaopulver bestäuben.

103. Heiße Liebe

Zutaten für 1 Portion:

- 3 cl Gin
- 2 cl Ramazzotti Crema
- 6 cl Schlagsahne
- 2 cl Himbeersirup
- 1 Handvoll Himbeeren
- Eiswürfel

Zubereitungszeit: 10 Minuten

Zubereitung:

1. Die Himbeeren waschen und in einem Standmixer pürieren.
2. Das Püree in ein Cocktailglas geben.
3. Gin, Ramazzotti, Schlagsahne und Eiswürfel in einen Cocktailshaker geben und kräftig schütteln.
4. Den Cocktail auf das Himbeerpüree geben.
5. Den Himbeersirup hinzufügen und alles leicht umrühren, sodass ein Muster entsteht.
6. Zum Schluss mit einigen Himbeeren garnieren.

104. All the way up

Zutaten für 1 Portion:

- 5 cl Gin
- 4 cl Triple Sec
- 5 cl Schlagsahne
- 5 cl Milch
- 1 EL Granatapfelkerne
- 2 cl Grenadinesirup
- Eiswürfel

Zubereitungszeit: 5-8 Minuten

Zubereitung:

1. Einen Cocktailshaker mit Eiswürfeln befüllen.
2. Gin, Triple Sec, Sahne und Milch hinzufügen.
3. Den Shaker 10-15 Sekunden kräftig schütteln, bis er außen leicht beschlagen ist.
4. Den Cocktail in ein Cocktailglas abseihen.
5. Zum Schluss den Grenadinesirup über die Rückseite eines Löffels in den Cocktail gießen und die Granatapfelkerne hinzugeben.

105. Evergreen

Zutaten für 1 Portion:

- 3 cl Gin
- 3 cl Créme de Bananes
- 2 cl Blue Curaçao
- 3 cl Grapefruitsaft
- 4 cl Milch
- 1 Scheibe Grapefruit
- Eiswürfel

Zubereitungszeit: 5 Minuten

Zubereitung:

1. Eine Grapefruit waschen und auspressen.
2. Gin, Créme de Bananes, Grapefruitsaft und Milch zusammen mit Eiswürfeln in einen Cocktailshaker geben.
3. Den Shaker 10-15 Sekunden kräftig schütteln, bis er außen leicht beschlägt.
4. Den Cocktail in einen Tumbler abseihen.
5. Blue Curaçao über die Rückseite eines Löffels in das Glas geben.
6. Zum Schluss mit einer Grapefruitscheibe garnieren.

106. Banana Flip

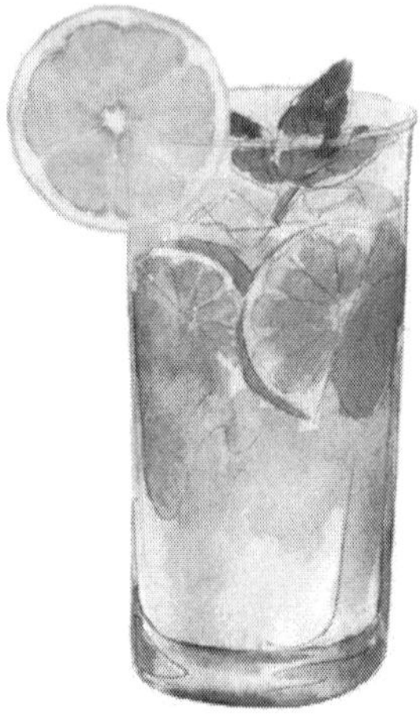

Zutaten für 1 Portion:

- 3 cl Gin
- 3 cl Créme de Bananes
- 3 cl Sahne
- 6 cl Bananensaft
- 1 cl Zuckersirup
- 1 Scheibe Banane
- Eiswürfel

Zubereitungszeit: 5 Minuten

Zubereitung:

1. Einen Cocktailshaker mit Eiswürfeln befüllen.
2. Gin, Créme de Bananes, Sahne, Bananensaft und Zuckersirup hinzufügen.
3. Den Shaker 10-15 Sekunden kräftig schütteln, bis er außen leicht beschlagen ist.
4. Den Cocktail in ein Longdrinkglas abseihen.
5. Mit einer Bananenscheibe garnieren.

107. Orange Splash

Zutaten für 1 Portion:

- 2 cl Gin
- 2 cl Triple Sec
- 4 cl Orangensaft
- 3 cl Sahne
- 1 cl Zuckersirup
- 1 Orangenzeste
- 1 Cocktailkirsche
- Eiswürfel

Zubereitungszeit: 5 Minuten

Zubereitung:

1. Einen Cocktailshaker mit Eiswürfeln befüllen.
2. Gin, Triple Sec, Orangensaft, Sahne und Zuckersirup mit in den Shaker geben.
3. Schütteln Sie den Cocktailshaker, bis er von außen leicht beschlägt.
4. Sehen Sie den Cocktail in einen Tumbler ab.
5. Verzieren Sie den Glasrand mit einer Orangenzeste und einer Cocktailkirsche.

108. Tropicolada

Zutaten für 1 Portion:

- 2 cl Gin
- 2 cl Batida de Coco
- 2 cl Orangenlikör
- 2 cl Granatapfelsaft
- 2 cl Maracujasaft
- 3 cl Kokosmilch
- 3 cl Sahne
- 1 Orangenscheibe
- Crushed Ice

Zubereitungszeit: 10 Minuten

Zubereitung:

1. Gin, Orangenlikör, Batida de Coco, Granatapfelsaft, Maracujasaft, Sahne und Kokosmilch in einen Cocktailshaker geben.
2. Den Shaker 10-15 Sekunden kräftig schütteln.
3. Ein Longdrinkglas mit Crushed Ice befüllen.
4. Den Cocktail in das Longdrinkglas geben.
5. Zum Schluss mit einer Orangenscheibe garnieren.

109. Cinnamon Bomb

Zutaten für 1 Portion:

- 3 cl Gin
- 1 cl Zimtlikör
- 150 ml Milch
- 2 cl Sahne
- 1 EL Ahornsirup
- 1 TL Mandelmus
- 1 Zimtstange
- Eiswürfel

Zubereitungszeit: 10 Minuten

Zubereitung:

1. Einen Cocktailshaker mit Eiswürfeln befüllen.
2. Gin, Zimtlikör, Milch, Sahne, Ahornsirup und Mandelmus hinzufügen.
3. Mindestens eine Minute kräftig schütteln, damit sich alles gut vermischen kann.
4. Ein Longdrinkglas mit Eiswürfeln befüllen.
5. Den Cocktail in das Longdrinkglas abseihen.
6. Mit einer Zimtstange garnieren.

110. Cremiger Kiwi-Apfel Cocktail

Zutaten für 1 Portion:

- 3 cl Gin
- 3 EL Joghurt
- 2 EL Zitronensaft
- 100 ml Apfelsaft
- 1 Kiwi
- 2 cl Eierlikör
- 1 Scheibe Kiwi

Zubereitungszeit: 10 Minuten

Zubereitung:

1. Eine Zitrone heiß abspülen und auspressen.
2. Die Kiwi schälen.
3. Zusammen mit Eierlikör, Gin, Joghurt, Apfelsaft und Zitronensaft in einem Standmixer geben und pürieren.
4. Den Cocktail in ein Longdrinkglas gießen.
5. Zum Schluss mit einer Scheibe Kiwi garnieren.

111. Ramos Gin Fizz

Zutaten für 1 Portion:

- 6 cl Gin
- 2 cl Orangenblütenwasser
- 2 cl Limettensaft
- 2 cl Zitronensaft
- 1 Eiweiß
- 4 cl Sahne
- 8 cl Milch
- 1 Orangenscheibe

Zubereitungszeit: 10 Minuten

Zubereitung:

1. Eine Limette und eine Zitrone heiß abspülen und auspressen.
2. Einen Cocktailshaker mit Eiswürfeln befüllen.
3. Limettensaft, Zitronensaft, Eiweiß, Gin, Orangenblütenwasser, Milch und Sahne in den Shaker geben.
4. Den Shaker mindestens eine Minute schütteln. Wenn Sie können, gern auch länger.
5. Den Cocktail in ein Longdrinkglas abseihen.
6. Mit einer Orangenscheibe garnieren.

112. Gina Colada

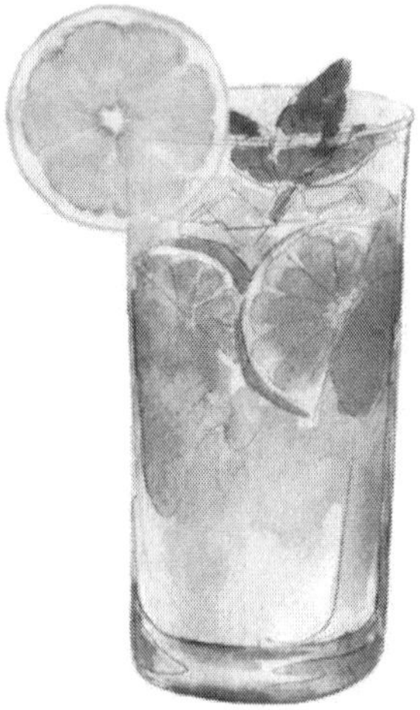

Zutaten für 1 Portion:

- 3 cl Gin
- 3 cl Batida de Coco
- 5 cl Kokosmilch
- 8 cl Ananassaft
- 2 cl Sahne
- 1 Ananasscheibe
- Eiswürfel

Zubereitungszeit: 10 Minuten

Zubereitung:

1. Einen Cocktailshaker mit Eiswürfeln befüllen.
2. Gin, Batida de Coco, Kokosmilch, Sahne und Ananassaft hinzugeben.
3. Den Shaker ca. eine Minute kräftig schütteln.
4. Den Cocktail in ein Longdrinkglas abseihen.
5. Zum Schluss mit einer Ananasscheibe garnieren.

113. Sweet Escape

Zutaten für 1 Portion:

- 2 cl Gin
- 2 cl weißer Rum
- 6 cl Orangensaft
- 6 cl Ananassaft
- 2 cl Kokossirup
- 2 cl Blue Curaçao
- 4 cl Sahne
- 1 Orangenscheibe
- Crushed Ice

Zubereitungszeit: 10 Minuten

Zubereitung:

1. Eine Orange heiß abspülen und auspressen.
2. Gin, Rum, Orangensaft, Ananassaft, Kokossirup und Sahne in einen Cocktailshaker geben.
3. Den Shaker mindestens 30 Sekunden kräftig schütteln.
4. Ein Cocktailglas mit Crushed Ice befüllen.
5. Den Cocktail in das Cocktailglas gießen.
6. Blue Curaçao über die Rückseite eines Löffels in den Cocktail geben.
7. Mit einer Orangenscheibe garnieren.

114. Flying Kangaroo

Zutaten für 1 Portion:

- 3 cl Gin
- 2 cl Kokoslikör
- 4 cl Sahne
- 6 cl Orangensaft
- 3 cl Ananassaft
- 1 cl Zitronensaft
- 1 Ananasscheibe
- 1 Orangenscheibe
- Crushed Ice

Zubereitungszeit: 5 Minuten

Zubereitung:

1. Eine Orange und eine Zitrone heiß abspülen und auspressen.
2. Zusammen mit dem Gin, der Sahne, dem Kokoslikör und dem Ananassaft in einen Cocktailshaker geben und kräftig schütteln.
3. Ein Cocktailglas mit Crushed Ice befüllen.
4. Den Cocktail in das Cocktailglas gießen.
5. Mit einer Orangen- und einer Ananasscheibe garnieren.

115. White Holland

Zutaten für 1 Portion:

- 3 cl Gin
- 3 cl Kahlua
- 1 cl Bailey‘s
- 6 cl Sahne
- Eiswürfel

Zubereitungszeit: 5 Minuten

Zubereitung:

1. Einen Tumbler mit Eiswürfeln befüllen.
2. Gin, Kahlua, Bailey’s und Sahne hinzufügen.
3. Den Cocktail etwas mit einem Barlöffel verrühren.

116. Sanfter Engel

Zutaten für 1 Portion:

- 3 cl Gin
- 2 Kugeln Vanilleeis
- 120 ml Orangensaft
- 2 cl Orangenlikör
- 50 cl Sahne

Zubereitungszeit: 5 Minuten

Zubereitung:

1. Eine Orange heiß abspülen und auspressen.
2. Das Vanilleeis in ein Longdrinkglas geben.
3. Gin, Orangensaft, Orangenlikör und Sahne über das Eis geben.
4. Alles etwas verrühren.

117. Creamy Passion

Zutaten für 1 Portion:

- 2 cl Gin
- 2 cl Vanillelikör
- 6 cl Maracujasaft
- 2 cl Sahne
- 2 cl Orangensaft
- 1 Orangenzeste
- 1 Blatt Minze
- Crushed Ice

Zubereitungszeit: 5-8 Minuten

Zubereitung:

1. Eine Orange heiß abspülen und auspressen.
2. Zusammen mit Gin, Vanillelikör, Sahne, Maracujasaft und Crushed Ice in einen Cocktailshaker geben.
3. Den Cocktail in ein Longdrinkglas geben.
4. Mit einem Blatt Minze und einer Scheibe Orange garnieren.

118. Strawberry Colada mit Gin

Zutaten für 1 Portion:

- 3 cl Gin
- 2 cl Kokoslikör
- 10 cl Kokosmilch
- 5 cl Sahne
- 2 cl Ananassaft
- 100 g Erdbeeren
- Crushed Ice

Zubereitungszeit: 10 Minuten

Zubereitung:

1. Zunächst die Erdbeeren waschen und grob zerkleinern.
2. Die Erdbeeren in einen Standmixer geben und pürieren.
3. Einen Cocktailshaker mit Crushed Ice befüllen.
4. Das Erdbeerpüree zusammen mit Kokoslikör, Gin, Sahne, Kokosmilch und Ananassaft in den Cocktailshaker geben.
5. Den Shaker mindestens eine Minute kräftig schütteln.
6. Den Cocktail in ein Longdrinkglas gießen.
7. Mit einer Erdbeere garnieren.

119. Creamy Bramble

Zutaten für 1 Portion:

- 3 cl Gin
- 2 cl Brombeerlikör
- 5 cl Brombeersaft
- 2 cl Limettensaft
- 4 cl Sahne
- Ein paar Brombeeren
- Crushed Ice

Zubereitungszeit: 5 Minuten

Zubereitung:

1. Eine Limette heiß abspülen und auspressen.
2. Gin, Crushed Ice, Brombeerlikör, Brombeersaft, Limettensaft und Sahne in einen Cocktailshaker geben und mindestens eine Minute kräftig schütteln.
3. Den Cocktail in ein Cocktailglas geben.
4. Mit einigen Brombeeren garnieren.

120. Bananen-Joghurt Gin

Zutaten für 1 Portion:

- 3 cl Gin
- 4 EL Joghurt
- 1 gefrorene Banane
- 4 cl Bananensaft
- 3 cl Sahne
- Etwas Zimt nach Belieben

Zubereitungszeit: 5 Minuten

Zubereitung:

1. Joghurt, Banane, Bananensaft, Sahne und Gin in einen Standmixer geben und zu einer glatten Masse pürieren.
2. Den Cocktail in Longdrinkglas gießen.
3. Mit etwas Zimt bestäuben.

121. Eiskönigin

Zutaten für 1 Portion:

- 3 cl Gin
- 2 cl Blue Curaçao
- 100 ml Milch
- 1 Kugel Vanilleeis
- 1 Handvoll gefrorene Blaubeeren

Zubereitungszeit: 5 Minuten

Zubereitung:

1. Gin, Vanilleeis, Blue Curaçao, Hälfte der Blaubeeren und Milch in einen Standmixer geben und zu einer glatten Masse pürieren.
2. Den Cocktail in ein Highballglas geben.
3. Mit den übrigen Blaubeeren garnieren.

122. 43er Gin

Zutaten für 1 Portion:

- 2 cl Licor 43
- 2 cl Gin
- 2 cl Grenadinesirup
- 150 ml Milch
- 100 ml Maracujasaft
- 1 Orangenscheibe
- Eiswürfel

Zubereitungszeit: 5-8 Minuten

Zubereitung:

1. Licor 43, Gin, Milch und Maracujasaft in einen Cocktailshaker geben.
2. Den Shaker mindestens 30 Sekunden kräftig schütteln.
3. Ein Cocktailglas mit Eiswürfeln befüllen.
4. Den Cocktail in das Cocktail geben.
5. Grenadinesirup über die Rückseite eines Löffels in den Cocktail gießen.
6. Mit einer Orangenscheibe garnieren.

123. Watermelon Drop

Zutaten für 1 Portion:

- 6 cl Gin
- 3 cl Limettensaft
- 2 Kugeln Erdbeereis
- 150 g Wassermelone (kernarm)
- 1 Stück Wassermelone
- 1 Limettenzeste

Zubereitungszeit: 5-8 Minuten

Zubereitung:

1. Die Wassermelone grob zerteilen.
2. Eine Limette heiß abspülen und auspressen.
3. Melone, Limettensaft, Gin und Erdbeereis in einen Standmixer geben und pürieren.
4. Den Cocktail in ein Longdrinkglas geben.
5. Mit einer Scheibe Melone und einer Limettenzeste garnieren.

124. Indian Summer

Zutaten für 1 Portion:

- 2 cl Gin
- 2 cl Mangolikör
- 4 cl Sahne
- 1 TL Vanillinzucker
- 100 g gefrorene Mango
- 100 ml Milch
- 1 Scheibe Mango
- 1 Prise Kurkuma

Zubereitungszeit: 5 Minuten

Zubereitung:

1. Gin, Mango, Mangolikör, Zucker, Sahne und Milch in einen Standmixer geben und pürieren.
2. Den Cocktail in ein gut gekühltes Longdrinkglas gießen.
3. Eine Prise Kurkuma auf den Cocktail geben.
4. Mit einer Scheibe Mango garnieren.

125. Fairytale

Zutaten für 1 Portion:

- 2 cl Gin
- 2 cl Cointreau
- 2 Kiwis
- 2 cl Orangensirup
- 2 cl Brombeerlikör
- 4 cl Sahne
- 100 ml Milch
- 1 Orangenzeste

Zubereitungszeit: 10 Minuten

Zubereitung:

1. Die Kiwis schälen.
2. Kiwis, Gin, Milch und Cointreau in einen Standmixer geben und pürieren.
3. Orangensirup, Brombeerlikör und Sahne nacheinander in den Cocktail geben.
4. Mit einem Barlöffel ein kleines bisschen verrühren, sodass ein Muster entsteht.
5. Mit einer Orangenzeste oder Obst nach Wahl garnieren.

Bowlen mit Gin

126. Mai Bowle

Zutaten für 10 Portionen:

- 20 cl Gin
- 1 l trockener Weißwein
- 1 Prosecco
- 300 gefrorene Himbeeren
- 300 g gefrorene Blaubeeren
- 10 cl Limettensaft
- 1,5 l Tonic Water
- 2 Limetten
- Einige Stängel Minze
- Eiswürfel

Zubereitungszeit: 15 Minuten (+ 60 Minuten Kühlzeit)

Zubereitung:

1. Limetten heiß abspülen. Zwei der Limetten in Achtel schneiden.
2. Die übrigen Limetten auspressen.
3. Minze waschen und trocken tupfen.
4. Alles, bis auf die Minze und Eiswürfel, in einen Bowlekörper geben und verrühren.
5. Eine Stunde kaltstellen.
6. Minze und Eiswürfel hinzugeben und servieren.

127. Strawberry-Gin Bowle

Zutaten für 10 Portionen:

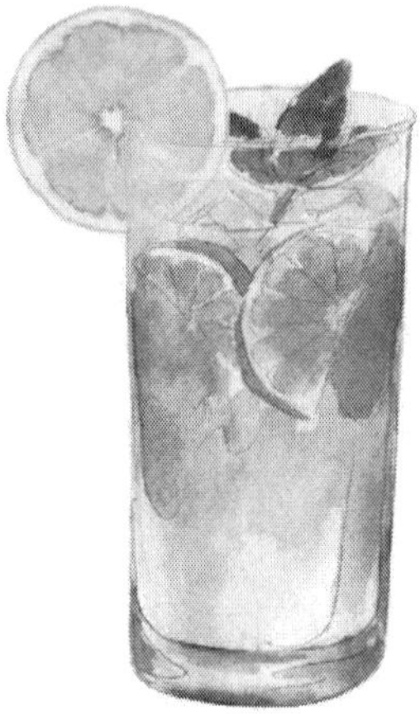

- 1,5 l Weißwein
- 15 cl Gin
- 1 l Weißwein
- 1 l Tonic Water
- 320 ml Erdbeersirup
- 5 cl Zitronensaft
- 500 g Erdbeeren
- Eiswürfel

Zubereitungszeit: 10-15 Minuten

Zubereitung:

1. Eine Zitrone heiß abspülen und auspressen.
2. Die Erdbeeren waschen, das Grün abschneiden und in kleine Stücke schneiden.
3. Alles in einen Bowlekörper geben und etwas verrühren.

128. Berry-Gin Bowle

Zutaten für 10 Portionen:

- 45 cl Gin
- 2,5 l Tonic Water
- 0,5 l Weißwein
- 0,5 l Sekt
- 120 g brauner Zucker
- 600 g gemischte Beeren (TK)
- 100 g frische Himbeeren
- 200 g frische Erdbeeren
- Eiswürfel

Zubereitungszeit: 15 Minuten (+ 60 Minuten Kühlzeit)

Zubereitung:

1. Himbeeren und Erdbeeren waschen und grob zerteilen.
2. In einen Bowlekörper geben.
3. Gin, Tonic Water, Zucker, Wein und Sekt dazu geben und alles verrühren.
4. Eine Stunde kaltstellen.
5. Eiswürfel hinzufügen und servieren.

129. Gin Bowle mit Aperol

Zutaten für 10 Portionen:

- 750 ml Aperol
- 75 cl Gin
- 1,5 l Prosecco
- 1 l Zitronenlimonade
- 2 Salatgurken
- 2 Zitronen
- Eiswürfel

Zubereitungszeit: 15 Minuten (+ 60 Minuten Kühlzeit)

Zubereitung:

1. Zitronen heiß abspülen und in kleine Ecken schneiden.
2. Gurken waschen und in Scheiben schneiden.
3. Gin, Aperol, Prosecco und Zitronenlimonade in einen Bowlekörper geben.
4. Zitronenstücke und Gurke hinzufügen.
5. Eine Stunde kaltstellen.
6. Zum Schluss die Eiswürfel hinzufügen und servieren.

130. Limette-Minze Bowle

Zutaten für 10 Portionen:

- 8 Stängel Zitronengras
- 70 cl Gin
- 250 g brauner Zucker
- 2 l Soda
- 6 Limetten
- 2 Bund Minze
- 1 Salatgurke
- 10 cl Limettensaft
- Eiswürfel

Zubereitungszeit: 15 Minuten (+ 60 Minuten Kühlzeit)

Zubereitung:

1. Zunächst die Limetten heiß abspülen und in Achtel schneiden.
2. Minze waschen und trockentupfen.
3. Salatgurke ebenfalls waschen und in Scheiben schneiden.
4. Alle Zutaten, bis auf die Minze, in einen Bowlekörper geben und etwa eine Stunde im Kühlschrank ziehen lassen.
5. Vor dem Servieren die Minze hinzufügen.

131. Gin-Basil Smash Bowle

Zutaten für 10 Portion:

- 35 cl Gin
- 1 l Sekt (halbtrocken)
- 1 kg Kantalup Melone
- 120 g brauner Rohrzucker
- 2 Handvoll Basilikum
- 4 Weinbergpfirsiche
- 150 ml Wasser
- 10 cl Zitronensaft
- Eiswürfel

Zubereitungszeit: 20 Minuten

Zubereitung:

1. Zunächst Zitronen heiß abspülen und auspressen.
2. Die Melone schälen und in kleine Würfel schneiden.
3. Weinbergpfirsiche waschen und ebenfalls in kleine Stücke schneiden.
4. Basilikum waschen und trockentupfen.
5. Basilikum zusammen mit dem Zitronensaft pürieren.
6. Alle Zutaten zusammen in einen Bowlekörper geben und verrühren.

132. Birnenbowle

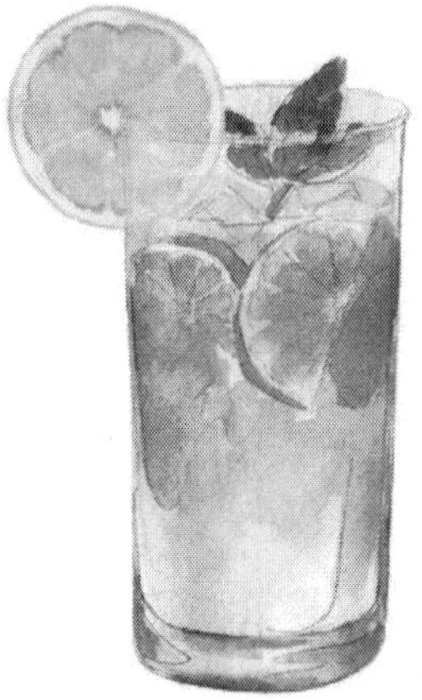

Zutaten für 10 Portionen:

- 2 l Prosecco
- 52 cl Gin
- 6 Limetten
- 7 cl Limettensirup
- 2 Dosen Birnen
- Eiswürfel

Zubereitungszeit: 15-20 Minuten

Zubereitung:

1. Birnen abgießen und den Saft auffangen.
2. Die Birnen in kleine Würfel schneiden.
3. Die Limetten heiß abspülen und in Achtel schneiden.
4. Birnensaft, Prosecco, Gin und Limettensirup in einen Bowlekörper geben und verrühren.
5. Eiswürfel, Birnen- und Limettenstücke hinzufügen.

133. Feigenbowle

Zutaten für 10 Portionen:

- 25 cl Gin
- 1,2 l Weißwein
- 1,2 l Sekt
- 1,2 l Mineralwasser
- 1 kg Feigen
- 5 EL Rohrzucker
- 5 cl Zitronensaft
- Eiswürfel

Zubereitungszeit: 20 Minuten

Zubereitung:

1. Zitrone waschen und auspressen.
2. Feigen waschen und in kleine Stücke schneiden. Mit dem Zucker vermischen.
3. Alle Zutaten in einen Bowlekörper geben und vermischen.

134. Festtagsbowle

Zutaten für 10 Portionen:

- 35 cl Gin
- 200 ml Zitronensaft
- 350 ml Grapefruitsaft
- 300 ml Sekt (halbtrocken)
- 3 EL Zucker
- 50 ml Agavendicksaft
- 1 Grapefruit
- 1 Zitrone
- 200 ml Soda
- 150 ml Wermut
- Eiswürfel

Zubereitungszeit: 20 Minuten

Zubereitung:

1. Agavendicksaft, Zucker und Soda verrühren, bis sich der Zucker aufgelöst hat.
2. Sekt, Gin, Wermut, Zitronensaft, Grapefruitsaft und Zuckerwasser in einem Bowlekörper miteinander vermischen.
3. Grapefruit und Zitrone heiß abspülen und in Ecken schneiden und in die Bowle geben.
4. Zum Schluss die Eiswürfel hinzufügen und servieren.

135. Sangria mit Gin

Zutaten für 10 Portionen:

- 1 l Rotwein
- 12 cl Gin
- 1 l Weißwein
- 2 Zitronen
- 3 Orangen
- 300 ml Mineralwasser
- 10 cl Grand Marnier
- 10 cl Orangensaft
- Eiswürfel

Zubereitungszeit: 15 Minuten

Zubereitung:

1. Orangen und Zitronen heiß abspülen und in Scheiben schneiden.
2. Gin, Rotwein, Weißwein, Mineralwasser, Grand Marnier und Orangensaft in einen Bowlekörper geben und vermischen.
3. Zitronen- und Orangenstücke sowie Eiswürfel hinzufügen.

136. Melonenbowle

Zutaten für 1 Portion:

- 10 cl Gin
- 750 ml Sekt (halbtrocken)
- 4 EL Granatapfelkerne
- 1 l Mineralwasser
- 5 cl Limettensirup
- 4 Limetten
- 200 g Wassermelone
- 200 g Honigmelone
- Eiswürfel

Zubereitungszeit: 20 Minuten

Zubereitung:

1. Limetten heiß abspülen und in Scheiben schneiden.
2. Melone schälen und in Stücke schneiden.
3. Melone in einen Standmixer geben und pürieren.
4. Melonenpüree mit Gin, Sekt, Mineralwasser und dem Limettensirup in einem Bowlekörper vermischen.
5. Limettenstücke, Granatapfelkerne und Eiswürfel unterrühren und servieren.

137. Bowle Caipirinha Style

Zutaten für 1 Portion:

- 25 cl Gin
- 15 cl Cachaça
- 1,5 l Sekt
- 6 cl Limettensirup
- 150 g brauner Zucker
- 500 g Honigmelone
- 2 l Mineralwasser
- 10 cl Limettensaft
- 4 Limetten
- Eiswürfel

Zubereitungszeit: 15-20 Minuten

Zubereitung:

1. Die Limetten heiß abspülen und in Scheiben schneiden. Die Scheiben halbieren.
2. Honigmelone schälen und würfeln.
3. Gin, Sekt, Limettensaft, Cachaça, Limettensaft, Limettensirup, Mineralwasser und Zucker in einen Bowlekörper füllen und vermischen.
4. Obst und Eiswürfel hinzufügen und servieren.

138. Ananas-Mango Bowle

Zutaten für 10 Portionen:

- 35 cl Gin
- 1,5 l Ginger Ale
- 170 g Feinkristallzucker
- 2 Mangos
- 1 kg Ananas
- 1 Handvoll Minze
- Eiswürfel

Zubereitungszeit: 20 Minuten (+ 60 Minuten Kühlzeit)

Zubereitung:

1. Ananas schälen und in Scheiben schneiden.
2. Ananasscheiben zusammen mit dem Zucker pürieren.
3. Ananaspüree, Gin und Ginger Ale in einen Bowlekörper geben und verrühren.
4. Mangos schälen und in kleine Würfel schneiden.
5. Mangostücke hinzufügen und eine Stunde ziehen lassen.
6. Die Minze waschen und trockentupfen.
7. Minze und Eiswürfel hinzufügen und servieren.

139. Pfirsichbowle

Zutaten für 10 Portionen:

- 15 cl Gin
- 30 cl Pfirsichlikör
- 1,2 l heller Traubensaft
- 500 ml Sekt
- 4 EL Zucker
- 4 Pfirsiche
- 250 g Himbeeren
- Eiswürfel

Zubereitungszeit: 15 Minuten

Zubereitung:

1. Himbeeren und Pfirsiche waschen.
2. Pfirsiche in Stücke schneiden und mit dem Zucker vermischen.
3. Sekt, Gin, Traubensaft und Pfirsichlikör in einen Bowlekörper geben und verrühren.
4. Pfirsiche, Himbeeren und Eiswürfel in die Bowle geben und servieren.

140. Blaubeer-Thymian Bowle

Zutaten für 10 Portionen:

- 50 cl Gin
- 200 ml Zitronensaft
- 2 Zitronen
- 2 l Soda
- 500 g Blaubeeren
- 5 Zweige Thymian
- 8 cl Blaubeersirup
- Eiswürfel

Zubereitungszeit: 20 Minuten (+ 60 Minuten Ziehzeit)

Zubereitung:

1. Die Zitronen heiß abspülen und in Scheiben schneiden. Die Scheiben vierteln.
2. Blaubeeren waschen.
3. Gin, Zitronensaft, Soda, Zitronenstücke, Blaubeeren und Blaubeersirup in einen Bowlekörper geben und eine Stunde ziehen lassen.
4. Thymian waschen, trockentupfen und in die Bowle geben.
5. Zum Schluss Eiswürfel hinzufügen und servieren.

141. Orangenbowle

Zutaten für 10 Portionen:

- 50 cl Gin
- 1 l Sekt
- 10 cl Cointreau
- 500 ml Orangensaft
- 2 Orangen
- 4 cl Zitronensaft
- Eiswürfel

Zubereitungszeit: 5 Minuten

Zubereitung:

1. Eine Zitrone heiß abspülen und auspressen.
2. Gin, Orangensaft, Zitronensaft, Sekt und Cointreau in einen Bowlekörper geben und verrühren.
3. Die Orangen heiß abspülen und in Scheiben schneiden. Die Scheiben vierteln.
4. Die Orangenstücke zusammen mit den Eiswürfeln in die Bowle geben und servieren.

142. Holunderbowle

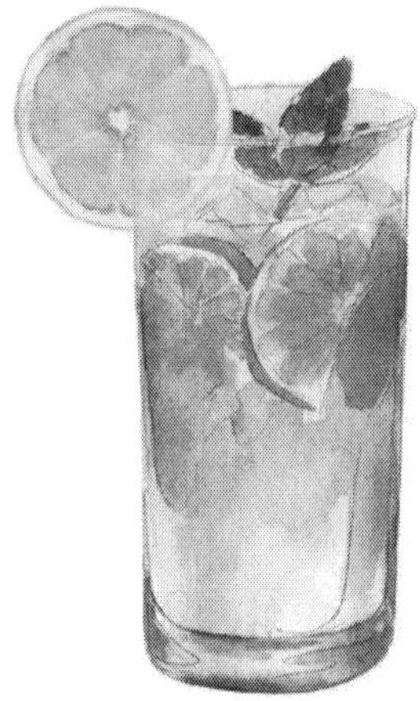

Zutaten für 10 Portionen:

- 40 cl Gin
- 1 l Sekt
- 250 ml Holunderblütensirup
- 1 l Soda
- 15 cl Limettensaft
- 4 Limetten
- 2 EL getrocknete Holunderblüten
- Minze
- Eiswürfel

Zubereitungszeit: 15 Minuten

Zubereitung:

1. Limetten heiß abspülen und in Scheiben schneiden. Die Scheiben halbieren.
2. Minze waschen und trockentupfen.
3. Gin, Sekt, Holunderblütensirup, Limettensaft und Soda in einen Bowlekörper geben.
4. Limettenstücke, Eiswürfel, Minze und getrocknete Holunderblüten hinzufügen und servieren.

143. Vanille-Kirsch Bowle

Zutaten für 10 Portionen:

- 20 cl Gin
- 20 cl Kirschlikör
- 1,5 l Sekt
- 500 ml Soda
- 500 ml Kirschsaft
- 400 g Kirschen (entsteint)
- Mark von 2 Vanilleschoten
- Eiswürfel

Zubereitungszeit: 15-20 Minuten

Zubereitung:

1. Vanillemark mit etwas Kirschsaft mischen, bis es sich aufgelöst hat.
2. Zusammen mit Gin, Kirschlikör, Kirschsaft, Soda und Sekt in einen Bowlekörper geben und verrühren.
3. Kirschen und Eiswürfel hinzufügen und servieren.

144. Sunrise Bowle

Zutaten für 10 Portionen:

- 30 cl Gin
- 20 cl Tequila
- 1,5 l Orangensaft
- 300 ml Ananassaft
- 200 ml Zitronensaft
- 10 cl Grenadinesirup
- 2 Zitronen
- 2 Orangen
- Eiswürfel

Zubereitungszeit: 20 Minuten

Zubereitung:

1. Die Zitronen und die Orangen heiß abspülen und in Scheiben schneiden.
2. Die Scheiben vierteln.
3. Gin, Tequila, Orangensaft, Ananassaft und Zitronensaft in einen Bowlekörper geben und verrühren.
4. Eiswürfel, Zitronen- und Orangenstücke hinzufügen.
5. Grenadinesirup vorsichtig in die Bowle geben und servieren.

145. Ocean Bowl

Zutaten für 10 Portionen:

- 40 cl Gin
- 20 cl Blue Curaçao
- 20 cl Kokossirup
- 1 l Orangensaft
- 500 ml Brombeersaft
- 500 ml Ananassaft
- 400 g Brombeeren
- Eiswürfel

Zubereitungszeit: 15 Minuten

Zubereitung:

1. Die Brombeeren waschen.
2. Zusammen mit allen übrigen Zutaten in einen Bowlekörper geben und verrühren.
3. Vor dem Servieren die Eiswürfel hinzufügen.

146. Ananasbowle

Zutaten für 10 Portionen:

- 20 cl Gin
- 40 cl Cointreau
- 1 l Sekt
- 1 l Weißwein
- 300 ml Ananassaft
- 1 Ananas
- 4 cl Zuckersirup
- Eiswürfel

Zubereitungszeit: 5 Minuten (+ 60 Minuten Ziehzeit)

Zubereitung:

1. Die Ananas schälen und in Stücke schneiden.

2. Zusammen mit dem Zuckersirup und dem Ananassaft pürieren.

3. Ananaspüree, Gin, Cointreau, Weißwein und Sekt in einen Bowlekörper geben.

4. Eine Stunde ziehen lassen.

5. Eiswürfel hinzufügen und servieren.

147. Apfel-Zimt Punsch

Zutaten für 10 Portionen:

- 30 cl Gin
- 10 cl Apfelbrand
- 1,5 l Apfelwein
- 1 l Apfelsaft
- 1 TL Zimt
- 4 Äpfel
- Eiswürfel

Zubereitungszeit: 15 Minuten (+ 120 Minuten Ziehzeit)

Zubereitung:

1. Die Äpfel waschen, schälen und in kleine Würfel schneiden.
2. Gin, Apfelwein, Apfelbrand und Apfelsaft in ein Bowlegefäß geben und verrühren.
3. Apfelstücke und Zimt untermischen und zwei Stunden ziehen lassen.
4. Vor dem Servieren Eiswürfel hinzugeben.

148. Herbstbowle

Zutaten für 10 Portionen:

- 20 cl Gin
- 1,5 l Roséwein
- 20 cl Birnenbrand
- 1 l Apfelsaft
- 2 Äpfel
- 2 Birnen
- Eiswürfel

Zubereitungszeit: 20 Minuten (+ 120 Minuten Ziehzeit)

Zubereitung:

1. Birnen und Äpfel waschen, schälen und in kleine Würfel schneiden.
2. Gin, Rosé, Birnenbrand und Apfelsaft in einen Bowlekörper geben und verrühren.
3. Die Obststücke hinzufügen und zwei Stunden ziehen lassen.
4. Vor dem Servieren die Eiswürfel hinzufügen.

149. Spring Fever

Zutaten für 10 Portionen:

- 20 cl Gin
- 1,2 l Sekt
- 1,2 l Pfirsichnektar
- 300 g Himbeeren
- 15 cl Waldmeistersirup
- 4 Pfirsiche
- Eiswürfel

Zubereitungszeit: 15 Minuten (+ 60 Minuten Kühlzeit)

Zubereitung:

1. Himbeeren und Pfirsiche waschen.
2. Pfirsiche in kleine Stücke schneiden.
3. Gin, Sekt, Pfirsichnektar und Waldmeistersirup in einen Bowlekörper geben und verrühren.
4. Himbeeren und Pfirsichstücke in die Bowle geben und eine Stunde im Kühlschrank ziehen lassen.
5. Eiswürfel vor dem Servieren in die Bowle geben.

150. Kräutergarten

Zutaten für 10 Portionen:

- 40 cl Gin
- 20 cl Erdbeersirup
- 1,5 l Sekt
- 500 ml Soda
- 20 cl Limettensaft
- 500 g Erdbeeren
- 10 Zweige Rosmarin
- 5 Zweige Minze
- Eiswürfel

Zubereitungszeit: 20 Minuten (+ 60 Minuten Ziehzeit)

Zubereitung:

1. Die Erdbeeren waschen, das Grün abschneiden und in kleine Stücke schneiden.
2. Rosmarin und Minze waschen und trockentupfen.
3. Gin, Soda, Sekt, Limettensaft, Erdbeersirup und Soda in einen Bowlekörper geben und verrühren.
4. Die Erdbeeren hinzufügen und eine Stunde ziehen lassen.
5. Minze, Rosmarin und Eiswürfel hinzugeben und servieren.

Schlusswort

Wir hoffen Ihnen schmecken unsere 150 leckeren Gin Rezepte und wünschen gutes Gelingen!

REZEPTE PROFIS

Weitere Kochbücher von den Rezepte Profis

Suchen Sie nach weiteren leckeren, Gerichten? Dann empfehlen wir Ihnen unsere anderen Kochbücher mit 150 vielfältigen Rezepten!

https://www.amazon.de/dp/B08T6VXGQ5

Schnelle Küche Kochbuch: 150 leckere schnelle Rezepte mit nur 5 Zutaten. Für Anfänger, Berufstätige und die ganze Familie für jede Tageszeit! Gesunde Ernährung leicht gemacht inkl. Nährwertangaben

ISBN-13 : 979-8596556445

https://www.amazon.de/dp/B08MVWRCC5

Cocktail Rezepte Buch: Die 150 leckersten Cocktails für jeden Anlass und Geschmack! Gin, Whiskey, Caipirinha, alkoholfrei und mehr – Perfekte Drinks ganz einfach zu Hause mixen

ISBN-13: 979-8560800949

https://www.amazon.de/dp/173084751X

Kontaktgrill Rezepte: Das Kochbuch mit 150 Rezepten für den Kontaktgrill! Leckere vielfältige Gerichte und alles, was Sie über den Kontaktgrill wissen müssen (inkl. Nährwertangaben)

ISBN-13: 978-1730847516

https://www.amazon.de/dp/1731340168

Dutch Oven Rezepte: Das Kochbuch mit 150 Rezepten für die Outdoor Küche! Ob draußen beim Camping, am Lagerfeuer oder Zuhause. Mit dem Black Pot einfach und lecker kochen (inkl. Nährwertangaben)

ISBN-13: 978-1731340160

https://www.amazon.de/dp/1790589444

Heißluftfritteuse Rezepte: Das Kochbuch mit 150 Rezepten für die Heißluftfritteuse. Leckere vielfältige Gerichte für den Airfryer - Gesund kochen und frittieren ohne Öl (inkl. Nährwertangaben)

ISBN-13: 978-1790589449

https://www.amazon.de/dp/1070440132

Sous Vide Kochbuch: Die 150 besten Rezepte für das schonende Garen im Vakuum. Perfektes Fleisch, Steak, vegetarische und vegane Gerichte für maximalen Geschmack und gesunde Ernährung + Nährwertangaben

ISBN-13: 978-1070440132

https://www.amazon.de/dp/1699682313

Low Carb für Berufstätige: Das Kochbuch mit 150 schnell gemachten leckeren Rezepten! Gesunde Ernährung zum Abnehmen für effektive Fettverbrennung inkl. 30 Tage Ernährungsplan + Nährwertangaben

ISBN-13: 978-1699682319

https://www.amazon.de/dp/1686031858

Ketogene Ernährung: Das Kochbuch mit 150 leckeren Rezepten für eine effektive Keto Diät. Zuckerfrei gesund abnehmen - Optimal gegen Diabetes und Krebs inkl. 14 Tage Ernährungsplan + Nährwertangaben

ISBN-13: 978-1686031854

https://www.amazon.de/dp/179783830X

Zuckerfreie Ernährung: Zuckerfrei leben mit den 150 besten zuckerfreien Rezepten für das Kochen ohne Zucker. Zuckersucht beenden durch gesunde Ernährung - Inkl. gesunde Süßigkeiten + Nähwertangaben

ISBN-13: 978-1090155665

https://www.amazon.de/dp/1793817952

Low Carb Kochbuch: Die 150 besten Rezepte für eine gesunde Ernährung! Abnehmen ohne Hunger und Fett verbrennen am Bauch leicht gemacht (inkl. 30 Tage Diät Ernährungsplan + Nährwertangaben)

ISBN-13: 978-1793817952

https://www.amazon.de/dp/1090155662

Dampfgarer Kochbuch: Die 150 besten Rezepte für gesundes Dampfgaren. Schonendes Garen mit Dampf im Steamer – Leckere und gesunde Gerichte für die schnelle Küche (inkl. Nähwertangaben)

ISBN-13: 978-1090155665

https://www.amazon.de/dp/1794511075

Vegan Kochbuch: Die 150 besten veganen Rezepte für eine vegetarische und vegane Ernährung. Abnehmen und gesund leben leicht gemacht. Inkl. indisch und asiatisch kochen mit Superfood + Nährwertangaben

ISBN-13: 978-1794511071

https://www.amazon.de/dp/1791690777

Smoothies zum Abnehmen: Die 150 besten und leckersten Smoothie Rezepte in einem Buch! Gesund Abnehmen, Entschlacken und Entgiften leicht gemacht, für mehr Energie im Alltag (inkl. Nährwertangaben)

ISBN-13: 978-1791690779

https://www.amazon.de/dp/1702182126

Ketogene Ernährung Vegetarisch: Vegetarisches Kochbuch mit 150 leckeren ketogenen Rezepten für eine erfolgreiche Keto Diät. Zuckerfrei gesund abnehmen inkl. 14 Tage Ernährungsplan + Nährwertangaben

ISBN-13: 978-1702182126

https://www.amazon.de/dp/1672169542
Plätzchen Backbuch: Kekse backen mit den 150 leckersten und kreativsten Rezepten! Cookies, Biscuits, Weihnachtskekse, Shortbread und vieles mehr! Köstliche Süßigkeiten für jeden Anlass und Jahreszeit
ISBN-13: 978-1672169547

https://www.amazon.de/dp/1658561007
Mediterrane Küche Kochbuch: 150 Rezepte für eine leckere gesunde Ernährung mit der Mittelmeer-Diät. Von Fisch und Fleisch bis vegetarisch und vegan - Italienische Küche bis Marokko + Nährwertangaben
ISBN-13: 978-1658561006

https://www.amazon.de/dp/B0848P31T4

Muskelaufbau Kochbuch: Die 150 besten Fitness Rezepte für ein optimales Krafttraining und gesunde Ernährung. Effektives Bodybuilding & Fettverbrennung mit 30 Tage Ernährungsplan + Nährwertangaben

ISBN-13: 979-8604649688

https://www.amazon.de/dp/B08WV3PRPV

Grüne Smoothies Rezepte: 150 leckere und nährstoffreiche Detox Rezepte zum Abnehmen, entgiften und für mehr Energie im Alltag! Gesundes Saftfasten inkl 3 Saftkur Pläne für je 5 Tage + Nährwertangaben

ISBN-13: 979-8710853856

https://www.amazon.de/dp/B08PJGB37L

Brot Backbuch: Das Buch mit den 150 besten Rezepten zum Brot backen, Brötchen, Süßes und Low Carb. Kreative Kreationen mit und ohne Hefe, Sauerteig und Brotbackautomat – Inkl. Nährwertangaben

ISBN-13: B08PJGB37L

https://www.amazon.de/dp/B08T6PBDSP

Sirtfood Diät Kochbuch: Die 150 besten und leckersten Rezepte zum einfachen Abnehmen mit Sirtfood. Gesunde Gerichte für jede Tageszeit inkl. 30 Tage Sirtuin Ernährungsplan + Nährwertangaben

ISBN-13: 979-8595691055

https://www.amazon.de/dp/B0884CHYQQ

Babybrei Rezepte Kochbuch: Babynahrung selbst gemacht mit 150 nahrhaften und leckeren Rezepten für ein gesundes Aufwachsen. Das Beikost Rezeptbuch für eine vielseitige Baby Ernährung im ersten Jahr

ISBN-13: 979-8642839188

https://www.amazon.de/dp/B0884CHYQQ

Babybrei Rezepte Kochbuch: Babynahrung selbst gemacht mit 150 nahrhaften und leckeren Rezepten für ein gesundes Aufwachsen. Das Beikost Rezeptbuch für eine vielseitige Baby Ernährung im ersten Jahr

ISBN-13: 979-8642839188

https://www.amazon.de/dp/B08YNR6JBV

Kleinkinder Kochbuch: Kochen für Kleinkinder leicht gemacht mit 150 nahrhaften und leckeren Rezepten für Kinder und Babys. Gesunde Ernährung mit Beikost, Brei(frei) & Vollwertkost für jede Tageszeit

ISBN-13: 979-8720083298

https://www.amazon.de/dp/B08ZQ7RYDX

Schwangerschaft Kochbuch: Die 150 besten Rezepte für eine nährstoffreiche und gesunde Ernährung in der Schwangerschaft. Für eine optimale Entwicklung Ihres Babys mit Genuss (inkl. Nährwertangaben)

ISBN-13 : 979-8726886046

https://www.amazon.de/dp/B092CG3L8C

Gasgrill Kochbuch: Die 150 leckersten Grillrezepte für das beste Grillerlebnis mit Familie und Freunden! Fleisch, Fisch, vegetarisch und mehr – Das Grillbuch für Anfänger & Profis mit Nährwertangaben

ISBN-13: 979-8737122225

https://www.amazon.de/dp/B093R55X4F

Rheuma Kochbuch: Die 150 besten Rezepte für eine entzündungshemmende Ernährung. Leckere Gerichte gegen Schmerzen durch Rheuma, Arthrose und Gicht für mehr Lebensfreude (inkl. Nährwertangaben)

ISBN-13: 979-8745543272

https://www.amazon.de/dp/B09558XDDK
Histaminintoleranz Kochbuch: Die 150 besten histaminarmen Rezepte für eine leckere und gesunde Ernährung bei Histaminintoleranz. Wohlfühlen ohne Histamin, mit 30 Tage Ernährungsplan & Nährwertangaben
ISBN-13 : 979-8506151425

https://www.amazon.de//dp/B095LH5KJ3
Intervallfasten Kochbuch: Die 150 leckersten Rezepte zum intermittierenden Fasten für ein gesundes Abnehmen mit Genuss! Inkl. 30 Tage Ernährungspläne für die 16:8 und 5:2 Methode mit Nährwertangaben
ISBN-13 : 979-8510432664

https://www.amazon.de/dp/B096LMV6LT

Basische Ernährung Kochbuch: Die 150 effektivsten Rezepte gegen Übersäuerung und zur Entgiftung des Körpers. Lecker basisch kochen zum Ausgleich des Säure-Basen-Haushalts (inkl. Nährwertangaben)

ISBN-13: 979-8515951375

Rechtliches

Impressum

Rezepte Profis wird vertreten durch:

Noma Commerce GmbH
Stresemannstraße 84
22769 Hamburg

Coverbilder:
Evgeny Karandaev, 5PH, Catherine77, Andrew Pustiakin, Goskova Tatiana | shutterstock.com

Haftung für externe Links

Das Buch enthält Links zu externen Webseiten Dritter, auf deren Inhalt der Autor keinen Einfluss hat. Deshalb kann für die Inhalte externer Inhalte keine Gewähr übernommen werden. Für die Inhalte der verlinkten Webseiten ist der jeweilige Anbieter oder Betreiber der Webseite verantwortlich. Die verlinkten Seiten wurden zum Zeitpunkt der Verlinkung auf mögliche Rechtsverstöße überprüft. Rechtswidrige Inhalte waren zum Zeitpunkt der Verlinkung nicht erkennbar. Eine permanente inhaltliche Kontrolle der verlinkten Webseiten ist jedoch ohne konkrete Anhaltspunkte einer Rechtsverletzung nicht zumutbar. Bei Bekanntwerden von Rechtsverletzungen werden derartige Links umgehend entfernt.

Printed in Poland
by Amazon Fulfillment
Poland Sp. z o.o., Wrocław

86113071R00107